하버드 교수의
생각 정리 수업

40년간 전 세계 리더들을 이끈 의사 결정의 기술

하버드 교수의
생각 정리 수업

댄 레비 지음 | **서정태** 옮김

니들북

목차

4장 정책 이해하기

5장 열심히 살기

6장 원칙을 삶에 더하기

한국어판 서문

한국 독자들에게

모든 문화에는 세대에 걸쳐 전해지는 속담이 있습니다. 때로는 중요한 메시지를 전달하기 위해 이런 속담을 만들기도 하죠. 예를 들어 과학자이자 외교관, 작가, 발명가, 정치가로서 미국 건국 초기의 존경받는 인물인 벤저민 프랭클린도 우리가 삶을 어떻게 살아야 하는지 알려 주는 속담을 만들었습니다. 그가 만든 유명한 속담으로 '개와 함께 누우면 벼룩과 함께 일어난다'라는 말이 있는데, 이 짧은 속담이 주는 임팩트는 매우 강렬합니다.

한국은 수 세기 전으로 거슬러 올라가는 풍요로운 속담의 전통을 가진 나라입니다. 역시 삶의 지침이 되어 주는 내용이 대부분입니다. 그중에는 이 책에 수록된 원칙들처럼 문제에 대해 더 명확하게 생각하고 보다 나은 결정을 내리도록 도와주는 속담도 있습니다. 이 책의 주제와 관련 있는 한국 속담을 두 가지 살펴보겠습니다.

"원숭이도 나무에서 떨어진다." 보통 이 말은 아무리 전문가라도 실수할 때가 있다는 뜻으로 해석됩니다. 여기에 통찰을 보태자면, 세상은 워낙 불확실한 곳이라서 전문가라도 손실을 예상해야 한다는 뜻이기도 합니다.

이 책에서 가장 눈에 띄는 주제는 우리가 개인으로나 집단으로 또는 국가의 구성원으로서 자주 거대한 불확실성을 마주한다는 것입니다. 불확실한 세상에서는 의사 결정 방법을 이해하는 일이 그만큼 중요하죠. 그런 의미에서 두 번째 한국 속담을 떠올릴 수 있습니다.

"돌다리도 두들겨 보고 건너라." 다시 한번 세상의 불확실함을 강조하고 유용한 정보를 수집하라는 권유까지 덧붙인 속담입니다. 정보 수집은 효과적인 의사 결정의 필수 과정이며 이 책에서 다루는 주제이기도 합니다.

이 책에서는 속담이 아닌 원칙이라는 용어를 사용하지만, 둘은 사실상 동의어입니다. 책에 수록된 원칙들은 문제를 분석하고 적절한 행동으로 옮기는 능력을 개선하기 위해 제시되었습니다. 확실히 분석적 사고는 더 나은 삶으로 이어질 수 있는 토

대가 되어 줍니다. 그뿐만 아니라 대중교통에 얼마나 많은 보조금을 지원할지, 전염병에 대처하는 최고의 방법은 무엇인지와 같은 국가 정책은 물론이고 직장을 옮길 것인지, 은퇴를 위해 얼마나 저축해야 하는지 같은 개인적인 문제도 더 잘 이해하도록 도움을 줄 수 있습니다.

댄 레비는 우리의 원칙에 생명을 불어넣기 위해 나의 제자 수십 명과 공저자들, 동료들에게 —그중에는 최근 졸업생들, 다수의 저명 교수들, 한 국가의 현직 총리와 전직 하버드 총장도 있습니다— 이를 실제 상황에서 어떻게 사용했는지 설명해 달라고 부탁했습니다. 그리고 그들의 대답을 한 문장의 원칙으로 표현하고, 설명과 함께 엮었습니다. 그가 그렇게 자아낸 결과물은 이 원칙의 힘을 더욱 분명하게 보여 줍니다.

이 책이 여러분의 분석적 사고를 날카롭게 하고 삶에서 더 나은 결정을 내릴 수 있도록 돕기를 바랍니다.

리처드 잭하우저

하버드 대학교
프랭크 P. 램지 정치 경제학 교수

추천사

리처드 잭하우저는 경제학 이론, 공공경제학, 의사 결정 분석, 행동 경제학을 비롯한 다른 많은 사회 과학 분야의 기초를 다지는 데 공헌을 한 훌륭한 학자이다. 이 책은 특별하면서도 차별화되는 잭하우저의 사회 과학 분야의 공헌을 기념하기 위해 출간되었다.

수십 년 전 마이클 폴라니는 "알고는 있지만 말할 수 없는" 암묵지의 개념을 소개했다. 암묵지의 형태는 다양하다. 예를 들어, 브리지 게임에서 이기는 법부터 행복한 결혼 생활을 하는 법까지, 공공 정책 문제의 명확한 해결책부터 만족스러운 경력 관리나 불확실한 상황에 대처하는 법까지 매우 다양하다. 우리는 모두 일정 정도 암묵지를 소유하고 있지만 리처드 잭하우저만큼 다양한 분야에서 많은 암묵지를 가진 사람은 드물다.

이 책은 수년간 잭하우저가 그 자신이 가진 통찰력과 지혜를 명확하게 하기 위해 쏟아 부은 노력들을 압축하여 담고 있다. 우리 독자들은 여기 실린 원칙들을 통해 리처드처럼 생각하고 생활할 수 있게 될 것이다(이는 결국 더 잘할 수 있게 된다는 뜻이다). 잭하우저 교수의 원칙들이 더 나은 사고를 하는 데 어떻게 도움이 되었는지 이야기하는 제자들의 다양한 경험담은 그의 선물 같은 지혜를 더 빛나게 한다. 경제 용어로 말하자면 이것이 바로 공공재다.

나는 53년간 리처드를 알고 지내는 특권을 누렸다. 우리가 처음 만난 건 내가 열세 살 때였는데, 그는 우리 부모님의 친구였다. 그는 친절하게도 우리 집에 와서 나와 형과 함께 브리지 게임을 했다. 그 시간은 어떤 면에서 보자면 리처드가 성공적으로 누군가를 가르쳤다고 보기는 어려운 순간이었다. 크로스 러프 cross ruffs* 확률에 대한 리처드의 예측은 우리가 가진 수를 언제나 훌쩍 뛰어넘었기 때문이다.

---

* 같은 편끼리 서로 번갈아 가장 좋은 패를 내서 겨루는 카드 게임의 일종—옮긴이

그렇지만 더 깊은 의미에서 보자면, 나에겐 매우 교육적인 오후였다. 주의를 기울여 논리를 적용하면 복잡한 문제도 완벽하게 해결할 수 있고, 전략을 세울 때는 경쟁자 역시 전략적 선택을 할 것이라는 가정에 근거해야 하며, 마지막으로 내가 틀릴 수도 있다는 생각으로 선택해야 한다는 사실을 처음으로 깨달았기 때문이다. 이후로 나는 카드 게임과 전혀 다른 분야에서도 이 교훈을 떠올렸다.

몇 년 후에는 경제학을 전공하는 대학원생으로서 리처드 교수와 많은 대화를 나누었다. 나는 경제학 연구 논문보다 경제에 대해 생각하는 것이 더 재미있고 유용하며 흥미롭다는 사실을 알게 되었다. 리처드는 《뉴욕 타임스》를 일단 집어 들면 세 개의 잘못된 논리, 두 개의 잘못 분석된 상황, 네 개의 분명하지 않은 질문을 찾아내고는 했다.

한때 나는 알 수 없는 원인으로 몸 상태가 좋지 않아 병원에 입원한 적이 있다. 리처드는 가까운 친구는 아니었지만 가장 많이 병문안을 오는 방문객이었다. 그는 다른 사람들과는 달랐다. 구체적으로 말하자면 내 걱정거리를 완전히 잊은 채 그에게서 흘러나오는 아이디어와 개념을 따라잡도록 이끌었다. 일반적으로 의사는 환자와 방문객들에게 환자의 상태에 대해 알려 주곤 한다. 하지만 리처드가 방문할 때는 그렇지 않았다. 그 당시 내

증상은 두 가지의 설명이 가능한 상태였다. 이 말을 듣자 리처드는 전체 인구 중 상대적 발병 빈도를 물었다. 심각한 진단의 경우가 덜 심각한 경우에 비해 10분의 1의 빈도로 발생했기 때문에 나는 둘 중 더 나은 경우일 확률이 높았다. 당직 인턴과 레지던트들이 뒤이어 도착했다. 그들 중 아무도 상대적 빈도를 알지 못했고 몇몇은 내 경우와는 전혀 상관이 없다고 생각했다. 그들은 리처드에게서 배경 확률에 주의를 기울여야 한다는 것을 배웠고, 그중 적어도 한 명은 리처드의 설명이 주치의가 몇 주 동안 말한 것보다 더 도움이 됐다고 언급했다.

리처드는 내가 아플 때 그리고 그 이후로 몇 번쯤 더, 누군가의 기쁨을 함께 나누고 축하하는 일은 쉽지만, 그보다 더 중요한 것은 힘들 때 함께해 주는 것임을 알려 주었다. 다른 사람들의 경우처럼 리처드 잭하우저는 내가 힘들 때 함께해 준 모범적인 친구였다. 그의 존재가 나에게는 위대한 선물이었다.

이 책은 리처드의 지혜와 재치에 대해 당연히 받아야 할 찬사이다. 나는 리처드를 직접 만나지 못하는 독자들에게 이 책이 그 이상의 가치가 있음을 약속한다. 이 책은 당신을 더 지혜롭고 현명하게 만들어 줄 것이고, 결국은 더 행복해지도록 이끌 것이다. 더 나아가 세상에 기여하는 확실한 방법을 알려 줄 훌륭한 안내서이다.

나는 1968년 브리지 게임 테이블에서 리처드 잭하우저에게 이 특권을 받았고, 그 후로도 계속 소중히 여겼다. 이 책을 통해 여러분도 이와 같은 특권을 누릴 수 있기를 바란다.

래리 서머스

찰스 W. 엘리엇 대학 교수,
하버드 대학 명예 총장

들어가며

이 책의 목적은 여러분이 더 분석적으로 생각하여 세상을 잘 이해하고 현명한 판단을 내려서, 결국 더 성취하는 삶을 살도록 돕는 데 있다. 이는 매우 야심 찬 목표이며, 잭하우저의 아이디어가 없었다면 감히 이런 책을 쓸 생각조차 못했을 것이다. 하버드의 전설적 교수인 그는 나와 다른 수많은 이들이 목표를 향해 나아가도록 도움을 주었다.

이 책은 리처드가 하버드 케네디 스쿨에서 40년 넘게 가르쳐 온 수업 '정책을 위한 분석적 사고의 틀'에 기초한다. 학생들은 다양한 분야(경제학, 의사 결정 분석, 행동 결정, 게임 이론, 경영 연구 등)에서 분석 방법을 배우는데, 많은 학생이 이 수업이 혁신적이라고 평한다. 싱가포르의 총리 리셴룽은 수년 전 하버드 대학교에서 학생일 때 이 수업을 들었다. 그는 최근에 리처드에게 다음과 같은 편지를 썼다.

“교수님의 수업은 저에게 아주 강한 인상을 남겼습니다. 40여 년이 지난 지금도 우리가 토론했던 많은 것들을 기억합니다. 저는 아직도 자주 그 기억에 의존하며, 아마도 무의식적으로는 더 자주 데이터나 이슈를 이해하는 데 활용하고 있습니다. 항상 감사하게 생각하고 있습니다.”

나는 이 책에 리처드가 원칙으로 정리한 강의의 주요 개념들을 뽑아 실었다. 중요한 아이디어들은 영원히 남을 지혜로운 한 문장, 곧 생각의 원칙으로 정리되었다. 리처드는 이 원칙들을 한 번 알고 나면 오랫동안 기억할 수 있도록 수년 동안 학생과 동료, 여러 공저자들과 함께 나누어 왔다. 다만 이 책에 실린 원칙들은 리처드가 가진 지혜의 단지 일부일 뿐임을 미리 말해 둔다.

원칙들은 두 가지 이유에서 중요하다. 첫째, 처음엔 직관적이지 않은 것들에 대해 생각하게 한다. 예를 들어 우리 대부분은 직관적으로 좋은 결과(예컨대 “나는 지금 직업에 만족한다”)를 좋은 결정(“나는 2년 전에 X기업에서 일하기로 결정했다”)과 연결시킨다. ‘좋은 결정도 가끔 나쁜 결과를 낳는다’는 원칙은 그런 직관적인 관념과 현실이 반대라는 사실을 일깨워 준다. 둘째, 직감적으로 올바른 행위가 무엇인지 알지만 실행하기는 어려울 때 원칙들을 통해 행동을 수정할 수 있다. 예를 들어, 우리는 직감적으로 질투가 나쁘다는 것을 알지만 마치 테니스 선수가 자연스럽게 공이 아닌 상대 선수를 따라가듯, 쉽게 질투에 빠지곤 한다. 테니스에서 '시선은 공을 따라가라'는 원칙은 이런 자연스러운 경향을 극복하게 해 준다. 유사하게 '시기하지 않도록 노력하라'와 같은 원칙은 우리가 아는 것이 자신에게 도움된다는 사실을 상기시킨다.

이 책은 세상에 대해 더 분석적으로 생각하려는 사람들을 위한 것이다. 책의 내용이 분석적이긴 하지만 수학적인 것은 아니다. 또 되도록 전문 용어를 쓰지 않고 책을 집필하려고 노력했으며, 더 알고 싶은 독자들을 위해 주석에 학술 연구물과 인용 목록을 첨부하였다. 이전에 받은 어떤 분석 교육과 상관없이 이 책의 가치를 알게 되기를 바란다. 실제로 나는 여러 계층에서 다양한 학력을 가진 사람들(고등학생부터 물리학 박사까지)이 이 원칙에서 가치를 찾아내는 모습을 목격한 바 있다.

2020년 봄, 나는 리처드의 현재 또는 과거 동료와 공저자, 학생들에게 그의 원칙 중 가장 기억에 남는 것이 무엇인지, 그리고 자신들의 개인적 또는 업무적 일상에서 이를 어떻게 적용했는지 그 일화나 짧은 경험담을 보내 달라고 요청했다. 그 후로 나는 150개 이상의 회신을 받았고, 이 책은 그 원칙들에 생명력을 불어넣어 준 사연들과 함께 구성되었다. 몇몇 사례는 금세기 초 가장 중대한 사건인 코로나 19와 관련되어 있다. 정부와 각 개인이 코로나 19에 대응한 방식이 잭하우저의 원칙이 가진 가치를 특히 잘 설명해 준다.

당신은 주위에 일어나는 일들을 이해하고 더 전문적인 영역 혹은 개인적인 결정을 내리기 위해 이 원칙들을 적용하는 법을 배우게 될 것이다. 예를 들어, 전 세계적으로 언급되지는 않지만 코로나 19의 감염 비율이 감소하는 설득력 있는 핵심 원인이 무엇인지 배울 수도 있다. 시간이 지남에 따라 감소하는 흡연 재발률의 이유 역시 똑같은 근본적 현상으로 설명할 수 있다. 2016년 미국 대통령 선거에서 도널드 트럼프의 당선이 왜 그렇게 놀라운 일이 아니었는지도 이해하게 될 것이다. 이 책을 통해 독자는 직업적 측면에서 누구와 협업할지, 직장에서 얼마나 시간을 쏟아야 할지, 그 외 일상에서 중대한 역할을 하는 다른 결정들에 도움이 되는 원칙들을 배우게 될 것이다. 사적인 측면에서는 리처드의 동료 중 한 명이 통계를 바탕으로 생각함으로써 어떻게 결혼식 비용을 아꼈는지, 리처드와 그의 아내 샐리가 25년 전 어떻게 매우 힘든 의학적 결정을 내리고 그녀의 생존 확률을 높였는지, 그리고 리처드가 왜 맹장염이나 종양이란 증거가 나올 때까지 기다려 보자는 담당 의사의 권고에도 어머니의 수술을 당장 부탁했는지에 대해 알게 될 것이다.

어떤 이들은 리처드 잭하우저가 도대체 누구인지 의문이 생길지도 모르겠다. 리처드는 필라델피아와 롱아일랜드에서 자랐다. 그는 1958년 하버드에 소속된 이래 한 번도 그곳을 떠난 적이 없다. 하버드를 수석으로 졸업하고, 경제학 박사 학위 역시 동 대학에서 받은 뒤 케네디 스쿨에서 50년 이상 강의하고 있다. 그는 계량 경제학회, 의학 연구소(국립 과학 아카데미), 전미 인문 과학 아카데미의 선출직 회원이다. 2014년에는 전미 경제학 협회의 우수 회원으로 뽑히기도 했다. 다른 학자들과 공동 연구를 통해 300여 편 이상의 연구 논문과 수십 권의 책들을 출판했다.

그렇지만 나와 이 책에 기여한 많은 사람에게 리처드 잭하우저가 더욱 특별하게 느껴지는 점은 그의 폭넓은 지식과 지혜로움, 그리고 관대함이다. 리처드는 의사 결정론을 비롯해 보건, 재무, 기후 변화, 대학 입학, 행동 경제학, 역사, 사회 프로그램 대상 선정, 공공 부문과 개인 간 파트너십, 미술사, 문학 등 많은 분야에서 학문적 연구물을 출판했다. 심지어 아동 도서(《앵무새와 발레리나》)도 출간한 적이 있으며, 학문 이외의 분야에서는 부동산 사모 펀드 회사인 에쿼티 리소스 인베스트먼트사의 주요 임원이다. 뿐만 아니라 열한 살부터 해 온 카드 게임인 콘트랙트 브리지에서 정기적으로 프로 선수들과 대결해 여러 차례 국내 챔피언십을 수상하기도 했다.

하버드 대학교 학장 앨런 가버의 말에 의하면, 리처드는 영리하고 현명하다. 이 책에 쓰인 그대로 잭하우저 교수는 그의 학생과 동료들의 어렵고 중대한 개인적 혹은 직업적 결정에 도움을 주었다. 가장 어려운 상황에서도 문제에 분석적으로 접근하는 그의 능력을 보면, 왜 우리가 그에게 조언을 구하고 그의 지혜를 갈망하는지 알 수 있다.

리처드의 관대함 역시 주위에 널리 알려져 있다. 그는 학생과 동료들에게 도움과 조언이 필요한 때를 알아차리고 아무런 대가도 바라지 않고 자신의 가장 값진 자산인 시간을 내어 준다. 그는 동료와 친구를 자주 초대하여 아내와 함께 야구나 농구 경기를 보거나 연극을 관람하고 집에서 식사를 하기도 한다. 어릴 때 그의 꿈 중 하나가 마술사였던 까닭에 새로운 마술사를 발견하면 개인 마술 쇼에 친구나 동료들을 초대해 이 꿈을 나누기도 한다. 케네디 스쿨에서 리처드는 공직에 진출하려는 학생들을 가르쳤는데, "언젠가 너희들이 공직에 진출한다면 네 정치적 견해에 동의하건 하지 않건 정치 자금을 기부하겠다"고 말하기도 했다. 그의 학생들에게 자신감을 심어 준 이 한마디가 그의 관대함과 지혜로움을 대변한다고 생각한다.

리처드의 지혜와 포용력을 담은 이 책은 다음과 같이 구성되었다. 1장은 여러분이 어려움을 느낄 때 명확하게(즉, 사실적으로, 정확하게, 진실되게) 생각하는 데 도움이 되는 원칙들을 보여준다. 2장은 세상이 매우 불확실한 곳이며 이러한 불확실성을 이해하고 대처하는 데 필요한 원칙을 담고 있다. 3장은 불확실성 속에서 더 나은 결정을 하는 데 도움이 되는 원칙들을 소개한다. 4장은 정책을 이해하는 데 필요한 원칙들에 초점을 맞추고 있다. 5장은 더 보람차고 현명한 삶을 사는 데 도움이 되는 원칙들을 소개한다. 마지막 장은 원칙의 주된 교훈을 뽑아서 더 분석적으로 생각할 수 있는 여정의 다음 단계를 알려 준다.

리처드 교수의 지혜가 매사추세츠 케임브리지 그리고 학계와는 동떨어진 많은 이들에게도 마찬가지로 도움이 될 수 있다는 확신에서 이 책을 썼다. 또한 삶에 긍정적인 영향을 받은 나를 포함한 많은 사람이 그에 대한 존경의 표시로 이 책을 쓰는 일에 도움을 주었다. 여러분의 삶이 이 책을 통해 더욱 풍요로워지기를 바란다.

MAXIMS FOR THINKING ANALYTICALLY

1장

명확하게 생각하기

우리는 현재 상황을 명확하게 인지하고자 해도 자주 생각이 막히고는 한다. 때로는 생각을 시작하기조차 힘들 때도 있다. 이렇게 생각이 나아가지 못할 때는 충동적으로, 혹은 과거의 경험에 근거해 중요한 결정을 내린다. 하지만 이런 방식은 우리 자신, 나아가 타인에게 중요한 가치가 무엇인지 잊게 만든다. 이번 장에 실린 원칙들은 사고를 발전시키고 생각이 막혔을 때 앞으로 나아가는 데 도움이 되는, 간단명료하며 지극히 상식적인 주제들이다. 상황을 충분히 단순화하면 명확하게 본질을 파악하는 힘이 생긴다. 그 뒤 당신이 처한 더 어렵고, 현실적인 상황에 눈을 돌려 방금 얻어 낸 통찰력을 발휘하라.

원칙

01

극단적 상황을 가정해 보라

메리와 짐은 함께 방을 칠하고 싶다. 메리가 혼자 페인트를 칠한다면 2시간이, 짐이 혼자 한다면 3시간 걸린다. 그럼 만약 둘이 함께 칠한다면 얼마나 걸릴까? 많은 고등학생(그리고 성인들)은 이런 문제에 처음 맞닥뜨렸을 때 2시간 반이 걸린다고 재빨리 대답해 버린다. 이들에게 이 답이 옳지 않다는 이유를 어떻게 설명할지 잠시 생각해 보라.[1]

2시간 반이 왜 정답이 아닌지 알 수 있는 간단한 방법은 메리 혼자 페인트를 칠하고 짐은 그냥 지켜만 보는 상황을 가정하는 것이다. 얼마나 걸릴까? 답은 2시간이다. 그런데 만약 짐이 메리의 페인트칠을 돕는다면, 2시간보다 덜 걸려야 한다. 이것이 명확하게 생각하기 위해 극단적 상황을 가정해 보는 방법이다. 이 경우 사용된 극단적인 예는 메리가 페인트를 칠하고 짐은 아무것도 하지 않는 상황이다.

이 첫 번째 원칙은 책의 모든 원칙 중에서 리처드의 공저자들과 학생들에게 가장 인기 있는 원칙이다. 일반적으로 말하면, 이 원칙은 두 가지 상황에 특별히 도움이 된다.

- 개념, 문제, 또는 아이디어 더 잘 이해하기
- 어려운 결정에 대한 최선 또는 최악의 결과 평가하기

그럼 하나씩 차례대로 살펴보기로 하자.

개념 또는 아이디어를 더 잘 이해하기

경제학을 처음 접하는 학생들은 한계 소비 성향MPC, marginal propensity to consume 개념을 이해하는 데 어려움을 겪는다. 한계 소비 성향이란 전체 추가 가처분 소득(세후) 중에서 소비에 쓰인 부분이 차지하는 비율이다. 더욱 이해하기 어려운 것은 한계 소비 성향에서 특정 수치의 의미들이다. 이 경우 숫자들이 무엇을 의미하는지 직감적으로 알기 위해 극단적인 상황을 가정하면 도움이 된다. 한계 소비 성향은 비율이기 때문에 극단적 예는 0과 1이다. 한계 소비 성향이 0이라는 의미는 만일 개인이 추가로 100달러의 소득이 생긴다고 해도 하나도 쓰지 않는 것이다.

워렌 버핏을 생각해 보라. 그는 이미 자기가 원하는 것을 소비하는데 쓸 엄청난 돈을 가지고 있다. 만약 버크셔 해서웨이가 그에게 100달러를 추가로 준다고 해도 그의 소비는 변하지 않을 것이다. 또 다른 극단적인 예는 한계 소비 성향이 1인 경우이다. 이 말은 개인이 추가로 가처분 소득 100달러를 받을 경우 전부 다 써 버린다는 의미이다. 아주 가난한 사람을 생각해 보라. 추가로 받은 100달러는 즉시 그의 기본적인 욕구를 만족시키는 데 사용될 것이다. 이러한 극단적인 예는 한계 소비 성향을 이해하는 데 도움이 될 수 있다.[2]

리처드의 과거 학생이었고 현재는 스와스모어 대학의 교수인 숀 바노는 학생들이 처음에 어려워하는 경제적 개념을 이해하는 데 도움이 되도록 매 학기 이 원칙을 활용한다고 말한다. 그는 "극단적 상황을 가정하는 법은 학생들이 해당 개념을 직감적으로 이해하는 데 도움을 주는, 내가 가진 가장 주요한 비법 중의 하나입니다. 그리고 나는 이를 활용할 때마다 매번 리처드 교수님의 이름을 언급하죠."라고 밝혔다.

개념을 이해하는 것은 때로는 잘못된 개념에 대해 고심하고 이를 바로잡는 것과 관련이 있다. 리처드 교수의 공저자이자 예일 경영 대학 교수인 배리 날버프는 협상을 가르칠 때 이를 활용한다. 그는 사람들이 자주 협상에서 비율 분배를 공평한 해법으로 생각한다는 것을 알게 되었다. 예를 들어, 한 회사의 A부서가 소프트웨어 패키지에 2만 달러를 쓰고, B부서가 1만 달러를 쓰는데 두 부서가 함께 공동 라이센스를 2만 4,000달러에 구매할 수 있다고 가정해 보자. 그러면 어떻게 비용을 나누어야 할까? 대부분의 사람들은 A가 B의 두 배, 즉 각각 1만 6,000달러와 8,000달러를 내야 한다고 자신 있게 말한다. 하지만 기업들은 실제로는 6,000달러를 절감하면 그 금액을 공평하게 두 부서에 분배한다. 절감된 비용을 똑같이 나누어 A부서가 1만 7,000달러를 내고 B부서가 7,000달러를 낸다.

그는 아직도 비율 분배가 불공정하다는 확신을 갖지 못한 학생들을 위해 다윗이라는 이름의 작은 유기농 아이스 티 스타트업과 골리앗이라는 이름의 대형 음료 회사 사이에 있을 법한 협상을 또 하나의 극단적인 예로 든다.[3]

CASE STUDY

협상에서 극단적 상황 가정해 보기

배리 날버프 Barry Nalebuff 예일 경영 대학원의 밀톤 스타인바흐 교수. MIT 로즈 장학생으로 옥스퍼드에서 박사 학위를 받았다. 세스 골드만과 함께 어니스트 티*를 공동 창업했다.

물리학과 수학에서 극단적인 경우를 설정하면 자주 모순과 반증을 발견한다. 리처드는 이런 접근법을 경제학에 적용하라고 가르쳤다.

다음의 협상 시나리오를 고려해 보자. 다윗은 공급 업체에 플라스틱 한 병당 19센트를 지급한다. 훨씬 큰 대기업인 골리앗은 더 많은 양의 똑같은 플라스틱 병을 같은 공급 업체로부터 11센트에 구입한다. 다윗은 5000만 개의 병이 필요하다. 그들은 이 병들을 구입하는데 950만 달러를 내야 하지만, 골리앗은 550만 달러만 내면 된다. 그들은 만약 골리앗이 5000만 개의 병을 구입해서 다윗에게 판매하면 양쪽 다 이익을 얻게 된다는 것을 깨닫는다. 협상의 문제는 400만 달러의 절감된 비용을 어떻게 분배하는가에 있다.

골리앗은 당연히 비율 분배를 제안한다. "우리의 판매액은 400억 달러이고 당신의 판매액은 2000만 달러입니다. 이는 2000:1의 비율이죠. 따라서 우리는 전체 400만 달러에서 399만 8,000달러를 가져가야 하고 당신은 2,000달러를 가져갈 수 있습니다."

하지만 이 금액은 너무 한쪽으로 치우쳐 있어 골리앗도 이렇게 터무니없이 나누려고 하지는 않는다. 너그럽게 다윗에게 100만 달러를 제의하고, 자신들은 300만 달러를 가지겠다고 말한다.

반면 다윗은 50:50으로 나누어야 한다고 대응한다. "무슨 근거가 있나요?" 골리앗이 묻는다. 골리앗이 자신의 어마어마한 협상력을 동원하려 할 때, 과연 다윗은 무엇을 활용할 수 있을까?

---

* 미국의 유기농 차 브랜드—옮긴이

"우리가 상대적으로 비효율적이라는 점이죠!"라는 답으로 다윗은 전세를 뒤집는다. 그러고 나서 그들은 설명한다. "우리가 높은 비용을 지불하지 않는다면 당신의 구매력만으로는 아무런 추가 가치도 생겨나지 않습니다." 즉 양사가 함께 협력해야 400만 달러의 가치가 발생한다. 그리고 보다 신중하게 덧붙이자면, 골리앗이 달지 않은 유기농 차를 선호하는 다윗의 고객층에 접근하기 위해서도 다윗이 필요하다. 이 일화의 결말은 골리앗이 다윗의 회사를 인수하자 이런 협상을 고려할 필요가 없어졌다는 것이다. 이런 식의 극단적인 가정은 상황을 명확하게 파악하고 본질을 이해하는 데에 도움을 준다. 리처드는 이 중요한 원칙을 학생들에게 가르쳐 주었는데, 그는 자신의 분야에서 거물처럼 행동하지 않는 흔치 않은 골리앗이다. 그는 본인이 결정적인 통찰력을 발휘했을 때도 나를 포함한 젊은 공저자들과 똑같이 공을 나눈다.

극단적인 경우를 가정해 보면 때때로 이해하려던 문제나 상황에 대한 결정적인 깨달음을 얻곤 한다. 리처드의 제자이자 공저자이며 현재 스탠포드 대학의 선임 연구원인 카렌 에글스턴은 20세기 미국과 다른 산업화된 국가들이 겪은 인구 통계학적 변화의 경제적 영향력을 이해하기 위해 빅터 푹스 교수와 공동 연구 중이었다.[4] 이 변화의 주요한 패턴은 사람들의 은퇴 시기가 길어지고 생산적인 경제 활동 기간이 일생에서 큰 부분을 차지하지 않게 되면서 경제적 문제를 야기한다는 것이었다. "사람들은 35년 동안의 경제 활동만으로 20~25년의 은퇴기를 재정적으로 감당할 수 없다."라고 한 경제학자가 노골적으로 말했을 정도다.[5] 이에 대해 카렌은 자신의 연구 과정을 다음과 같이 회상했다. "나는 리처드의 원칙을 사용하여, 극단적인 경우를 가정하면서 질문을 바꾸어 봤습니다. '영원한 삶이 경제에 나쁜 것일까?' 우리는 여태 전체 수명의 길이가 아니라 경제 활동 기간과 은퇴 시기의 불균형에 경제 문제의 초점을 맞추어 왔었죠. 그런데 이 극단적 가정은 길어진 수명이 높아진 생활 수준과 어떻게 상호 작용하는지 분석법을 구상할 때 유용한 생각의 길잡이가 되어 주었습니다."

극단적인 가정의 다른 경우는 나머지 관측치보다 훨씬 높은 (또는 낮은) 이상치*로부터 무언가 파악하고자 할 때 발생한다. 이것은 르네상스 예술품들을 이해할 때 조나단 넬슨이 사용했던 방법이다. 조나단은 르네상스 예술을 전공한 이탈리아 피렌체 시라큐스 대학의 교수이다. 그는 리처드와 함께 정보 경제학의 혁신적인 방법을 예술학에 적용한 책을 썼다.[6]

---

* 변수의 분포에서 비정상적으로 분포를 벗어난 값—옮긴이

CASE STUDY

이상치를 관찰하여 극단적 상황 가정하기

| 조나단 넬슨 Jonathan Nelson 이탈리아 피렌체 시라큐스 대학 미술사 교수.

나는 특히 르네상스 시대에 초점을 맞춘 미술사학자로서, 종종 나무를 묘사하는 데 열중하다가 숲을 놓치곤 한다. 각각의 그림, 예술가, 후원가들의 세부 분류 속에서 길을 잃는 일이 많았는데, 잭하우저의 접근은 달랐다. 그는 모델을 만들었다. 주요 작품들이 예외 없이 의뢰인의 요청에 의해 창작되었던 이탈리아 르네상스 시대의 예술을 생각해 보자. 경제학자에게 그런 거래들의 데이터는 매우 적다. 계약은 여기서, 지불은 저기서 이루어져 신뢰할 만한 모델을 만드는 데 필요한 가공되지 않은 정보가 희박하다. 대부분의 르네상스 미술사학자들은 다양한 문제들 때문에 재정 상황의 일반화를 피한다. 흔히 우리는 재료비를 포함해서 그림값을 받았는지 여부나, 다양한 통화의 정확한 환전 가치를 알지 못한다.

한마디로 르네상스 예술가에 대한 보상액이나 작품의 비용을 명확히 알기 어렵다. 이럴 때는 이상치의 의미 있는 값을 통해 통찰력을 얻을 수 있다. 1500년대 초 가장 유명한 이탈리아의 예술가인 라파엘의 종교적 그림 세 점은 일반적인 그림의 가격보다 몇 배 더 비싸다. 이탈리아의 르네상스 시대에는 놀랍게도 크기, 주제, 일시, 예술가에 따른 미술품의 가격 차이가 크지 않았다. 기록된 사례의 3분의 2가 100플로린인데, 이는 플로렌스의 고위 공직자 임금보다 약간 적은 수준이다. 85퍼센트의 예술품들은 200플로린 미만이었다. 반면에 라파엘의 3대 작품은 각각 850에서 1,200플로린이었다! 이러한 극단적인 사례를 통해 우리는 전형적인 르네상스 가격 체계를 더 잘 이해할 수 있게 된다. 그리고 이런 극단적 상황을 가정할 때는 금액이 몇 플로린 정도 차이가 나는 것은 큰 의미가 없다.

리처드와 나는 함께 〈라파엘, 슈퍼스타, 그리고 그의 놀라운 가격 *Raphael, Superstar, and His Extraordinary Prices*〉이란 연구 논문을 썼다. 아직 결정적 내용을 밝힐 때는 아니지만 왜 슈퍼스타 예술가들이 엄청난 보상을 받았는지 좀 더 자세히 소개한다.

어려운 결정으로 인한 최고 또는 최악의 결과를 가늠하기

리처드의 몇몇 과거 학생과 공저자들은 자신들이 직면한 결정의 최고 또는 최악의 결과를 고려할 때 극단적인 상황을 가정하는 원칙을 이용했다. 예를 들어 호아킴 닙은 제약 회사 바이에르의 고위 임원으로 재직 당시 타사와의 합병 결과를 예측하는 재무 모델을 구축하는 데 이 원칙을 사용했다. "명확하게 생각하려면 모델을 구축하고 극단적인 상황까지 가정해 보는 것이 유용하다는 것을 알게 되었습니다. 이 예측 모델은 바이에르와 인수 혹은 합병하려는 다른 회사와의 협정 초안을 반영해야 했고, 여기서 극단적 상황은 어느 한 회사가 손실을 겪는 경우였죠. 양측은 분석을 통해서 협정이 파트너십의 운용에 관한 자신들의 의도와 이해를 정확하게 반영하는지 알 수 있었습니다. 이 분석 과정을 통해 우리 회사는 파트너십의 위험을 평가할 수 있었고, 서로 간에 수용 가능한 위기 분배 조항을 고안하는 데 도움을 받았습니다."

케네디 스쿨에서 리처드의 학생이었던 샤오천 푸는 현재 중국 은행의 관리자이다. 그녀는 세계에서 세 번째로 큰 중국 농업 은행에 근무하면서 은행이 디지털 시대로 도약하는 데 이 원칙을 사용했다. 고객들의 스마트폰 은행 거래가 증가할 때에도 여전히 은행에는 30만 명 이상의 직원이 2만 5,000개의 지점에서 일하고 있었다. 몇몇 지점들은 찾아오는 고객이 점점 더 줄어드는 것을 감지했지만, 푸와 직원들은 어떻게 지점의 숫자와 위치를 조정해야 할지 결정하는 데 애를 먹었다. "그때 나는 잭하우저 교수의 원칙을 기억했어요. 극단적인 경우를 파악하려는 노력의 일환으로 온라인으로 제공하기 매우 어렵거나 불가능한 서비스를 알아내기 위해서 은행의 일반 지점이 제공하는 모든 서비스의 규정과 절차를 전부 검토했죠. (일례로, 중국 정부는 제3자인 운송 회사의 실물 금 배달을 금지하고 있어서 실물 금을 구매하고자 하는 고객들은 지점으로 가야 한다.) 일단 모든 서비스들을 찾아내고 다른 지점 고객들의 요구와 선호도를 고려하자(예를 들어, 노년층 고객들과 농촌 지역의 고객들은 대면 금융 서비스를 선호했다) 어느 지점을 폐쇄하고 어느 지점을 남겨 두어야 하는지 훨씬 더 명확해졌습니다. 이 프로젝트 계획은 비용 대비 효율적이었고, 은행이 디지털 시대에 적응하여 고객들의 요구에 응할 수 있게 해 주었어요. 나는 이 원칙이 내게 도구만 준 것이 아니라 이런 복잡한 상황에 대처할 수 있는 용기도 주었음을 깨달았습니다." 샤오천의 일화는 이 원칙이 가진 두 가지 중요한 이점을 보여 준다. 극단적 상황을 가정해 보는 것은 문제에 접근하는 법에 집중할 수 있게 도와주며, 최상의 결정을 내릴 때 실행에 옮길 수 있는 용기를 준다. 이 책에서 다뤄지는 다른 많은 원칙들도 마찬가지이다.

잉란 탄은 과거 리처드의 학생이었고 지금은 아시아를 무대로 벤처 금융 회사를 설립해 경영 중이다. 그는 특히 고객이 대응해야 하는 위기의 순간에 이런 극단적 상황 시나리오를 활용하는 접근법을 이용했다. "우리는 시나리오를 통해 위기가 어떻게 그들의 사업에 영향을 미칠지 검토합니다. 최악의 상황에 대한 가정에서 시작해 현금의 흐름과 운영을 논의하죠. 특히 어려운 시기에 극단적인 상황을 살펴보는 것은 우리의 논의를 확고히 할뿐 아니라 모순적이게도 안도감을 주기도 하죠. 우리가 가장 어려운 위기를 넘긴다면 나머지는 감당할 만할 것이기 때문입니다."[7]

극단적인 상황 가정하기 원칙의 마지막 사례는 과거 하버드 케네디 스쿨의 학생이었고 현재는 같은 대학에서 강의 중인 리처드의 동료 교수 잭 도나휴가 들려주었다. 그는 리처드와 함께 공적 부문과 사적 부문이 공공의 가치를 창출하기 위해 어떻게 가장 효과적으로 협력할 수 있는지를 평가하는 두 권의 책을 썼다.[8] 잭은 극단적인 상황을 고려하는 개념이 자신의 경력에서 가장 큰 정책적 영향을 미쳤다고 여겼다. 1994년에 그는 미 노동부의 정책 기획관이었다. 백악관은 중산층의 상당한 세금 삭감을 원했고 어떤 형태로 시행되어야 할지에 관한 제안을 받고 있었다. 그가 이 원칙을 이용하여 어떻게 정책 제안을 했는지 아래의 내용을 살펴보자.

CASE STUDY

정책 기획에서 극단적 상황 가정하기

잭 도나휴 Jack Donahue 레이몽 버논 공공 정책 부문 조교수. 공공 정책 대학원 과정MMP의 교수 회장이자 SLATE 학과 과정 개발원의 사례와 학과 과정 공동원장이다. 하버드 케네디 스쿨과 하버드 경영 대학원의 공동 학위 프로그램을 통해 공공 부문 개혁과 공공 책임의 분배에 관한 광범위한 연구를 수행하고 있다.

노동부 장관인 밥 리치가 근로자 훈련을 촉진하기 위해 세금 코드를 활용할 방안을 찾아 달라고 요청해 왔다. 나는 이미 많은 연구 논문들을 통해서 이것이 쉽지 않은 일임을 충분히 알고 있었다. 그래서 최고의 세금 전문가인 진 스털에게 나와 직원들이 선택 사항을 개발하고 점검할 수 있도록 도움을 청했다. 우리는 매우 다양한 방안을 고안했지만 두 가지 문제점이 계속 발목을 잡았다. 첫째, 우리가 제안한 인센티브 때문에 실시될 추가 훈련과 이와 상관없이 실행되었을 훈련을 구별하는 것이 쉽지 않았다. 둘째, 공인 간호조무사, 전기기사, 컴퓨터 기술자가 되는 데 필요한 근로자 훈련과 대학 학위 같은 인적 자본 투자 간에 확실한 구분이 없었다. 우리는 대학 등록금을 감당할 수 있는 가계에 지원하는 것을 원하지 않았기 때문에 이는 문제가 있었다. 매번 우리가 실현 가능한 세금 인센티브 제안을 생각해 낼 때마다 진은 읽고 나서 잠시 생각하더니 "아니에요, 결국 우리가 대신 대학 등록금을 내줄 것입니다."라고 말했다. (이 일이 반복되자 나는 그런 말이 나올 때까지 어느 정도 시간이 걸리면 성공한 것이라고 생각할 정도였다.)

행정부가 상당히 큰 규모로 중산층 세금 감면을 진지하게 고려하는 것이 분명해졌고, 정책 제안의 특성상 다른 부처에도 확산되었기 때문에 어느 날 저녁 나는 극단적 상황을 가정하는 리처드의 원칙을 되새겨 보았다. 만약 어떤 종류의 인적 자본에 대한 지출이 아무 제한도 없이 세금 보조를 받고, 그 대부분이 대학 등록금에 쓰인다면 어떻게 될까? 제한이 없다면 가계가 지출한 모든 항목에 대해 보상해야 할 것이다. 하지만 우리가 세금을 삭감해 주려는 저소득층으로 보조금을 한정한다면 이는 실행 가능하며 그리 크게 어려운 일은 아니다. 추가적인 인적 자본 투자는 대체로 제한되겠지만 완전히 없어지지는 않을 테고, 대학 교육이나 훈련에 지출이 급증한 저소득층에 대한 세금 감면은 적절하게 이루어질 것이다.

평생 학습 세금 감면제는 얼마 후에 시행되었고 지금도 운영되고 있다. 세금 감면이 근로자 훈련을 늘리는 데는 별로 효과적이지 않았기 때문에 리처드가 전적으로 찬성했을 것 같지는 않다. 하지만 리처드의 영향을 받은 누군가가 정책 결정에 참여했기에 처음 생각했던 것보다 더 나은 결과를 얻었다고 확신한다.

원칙
02

단순한 상황을 가정해 보라

대부분의 미국 독자들은 키스KISS, Keep It Simple, Stupid(단순하게 해, 멍청아)라는 약자에 익숙하다. 어떤 독자들은 오컴의 면도날 법칙*에도 익숙할 것이다.[9] 아인슈타인은 다음과 같은 유명한 말을 남겼다. "모든 것들은 더 단순해질 수 없을 때까지 가능한 제일 단순하게 만들어야 한다." 리처드가 학문 연구에서 논의하는 많은 개념들은 복잡하고 세밀하지만 단순성에도 일가견이 있다. 그는 생각하는 법을 알려 준 멘토들 덕분에 이것을 배웠다고 한다.

—

* 절감의 법칙, 어떤 사항을 설명하기 위한 가설의 체계는 간결해야 한다는 원리—옮긴이

그는 자신의 경력 초창기에 만났던 하워드 라이파 이야기를 자주 했다. 하워드는 확률적 관점의 사고와 불확실한 결과의 회피를 설명하는 베이즈 의사 결정 분석론을 리처드에게 소개했다. 리처드는 그의 연구실을 방문했을 때 당당하게 다음과 같이 말했다. “하워드, 당신의 제안대로 문제를 단순화했어요. 나는 단지 세 가지의 요인만 있다고 가정하고, 함께 논의했던 까다로운 집단 의사 결정 문제를 해결했습니다.” “훌륭하군요,” 하워드가 대답했다. “상당한 진전이 있었네요. 자, 이제 다시 돌아가 두 가지 요인일 경우를 가정하고 해결해 보세요.” 하워드 라이파는 단순화를 통해 실현 가능성은 더 커진다는 열정적 믿음으로 게임 이론과 의사 결정 분석론 분야를 개척했고, 협상 분석 분야의 초석을 깔았다.[10]

리처드는 그의 중요한 멘토인 토마스 셸링과 케네스 애로(모두 노벨상을 수상했다)가 어떻게 단순성을 추구했는지에 대해 이야기했다. 예를 들어 셸링은 국제적 협상 같은 더 복잡한 상황을 부모와 자녀 간의 협상 같은 일상적이고 쉬운 사례에 비유했했다. 셸링은 강의 중에 잠시 쉬어 가듯 단순한 예를 들었다가 이 비유적 사례와 관련된 여러 가지 중요 문제들로 자주 옮겨갔다. 또한 애로가 가진 천재적인 자질 중 한 가지는 남들이 복잡하게 보는 일을 관찰하고 단순한 원칙을 뽑아내는 것이었다.[11]

리처드는 학생들이 결정에 직면하거나 딜레마에 빠졌을 때 솔직하고 단순한 충고를 해 준다. 리처드의 과거 학생이었으며 현재는 뉴욕 대학 교수인 잉그리드 엘런은 다음과 같이 회상했다. "내가 경제학과 공공 정책 중에 어떤 박사 학위를 받아야 할지 결정할 때 리처드 교수에게 조언을 구했습니다. 나는 이 문제에 대해 매우 고심했죠. 그는 내가 구체적인 문제에 정확한 답을 구하는 것을 더 좋아하는지 아니면 다소 답이 구체적이지 않은 포괄적인 연구를 좋아하는지 물었습니다. 전자를 원한다면 경제학 박사 학위에 지원해야 할 것이고 후자라면 공공 정책 박사 학위에 지원해야 했죠. 이로써 선택은 쉬워졌습니다. 언제나처럼 그는 어려운 결정을 단순하게 만들었고 나는 그 결정에 아무런 후회도 없었습니다."

과거 MIT에서 리처드를 만난 스탠포드 교수 벤자민 밴 로이는 강화 학습 분야에서 단순성의 원칙을 활용한다. 이 분야는 인공 신경망의 복잡한 시스템이 이뤄 낸 인상적인 성과로 잘 알려져 있는데, 이는 방대한 컴퓨터 처리 자료를 활용해 시행착오를 거듭하는 과정을 통해 학습된 결과였다. 널리 알려진 예는 체스나 전자오락처럼 어떤 게임이든 컴퓨터 프로그램이 학습을 통해 인간 세계 챔피언을 능가하는 경우이다.[12] 이런 류의 게임들은 모두 복잡한 규칙으로 이루어져, 무엇이 왜 작동하고 어떻게 더 잘할 수 있는지 이해하기 어렵다.

그는 다음과 같이 말했다. "나는 단순하거나 극단적인 상황의 가정을 통해 명확하게 생각하라는 리처드의 원칙을 옹호합니다. 이 두 가지 경우가 확연히 다르다고 생각하지 않습니다. 정교한 능력을 보여 주는 알고리즘을 설계하기 위해서는 일반적인 알고리즘 해결에 필요한 능력을 최고로 끌어올리면서, 동시에 인간이 쉽게 해결할 수 있을 정도로 단순한 과업을 고안하는 것이 도움이 됩니다. 하지만 모두가 이렇게 생각하는 것은 아닙니다. 어떤 사람들은 복잡한 문제들을 해결할 수 있는 준비가 되어 있는데 이렇게 단순한 문제를 다루는 것이 이상하다고 생각합니다. 그렇지만 나는 이것이 복잡한 분야에 적용할 아이디어를 개발하는 데 효과적인 방법임을 알게 되었습니다. 나는 가르칠 때 이 원칙을 마음에 새기고, 단순한 동시에 복잡한 상황에 집중하게 되었습니다."

그는 다음과 같이 덧붙였다. "실제로 이런 시도가 계속 추진되는 사례가 있습니다. 예를 들어, 현재 여러 종류의 단순하고 복잡한 강화 학습 과업을 시뮬레이션 하는 오픈 소스 소프트웨어가 있습니다. 과거 나의 학생이었던 이안 오즈번드가 강화 학습 알고리즘 설계를 위한 플랫폼 개발을 이끌면서 이 분야 연구에 기여하고 있습니다."

현 MIT 슬론 경영 대학 교수이며 과거 리처드의 학생이자 공저자이기도 한 존 호턴은 공유 운송 시장(우버Uber나 리프트Lyft 등과 같은)에서 마주할 수 있는 질문을 다루기 위해 이 단순성의 원칙을 활용했다. 사회적 관점에서 운전자가 승객의 목적지를 사전에 알 필요가 있는가? 일단 이 정보를 알면 운전자는 '좋은' 운행을 수락하고 '나쁜' 운행은 거절할 수 있게 된다. 만약 많은 운전자들이 이렇게 행동한다면 '나쁜' 운행의 대기 시간은 아주 길어질 수 있고, 더 악화된다면 '나쁜' 운행이 필요한 승객들은 선택받지 못할지도 모른다. 다른 한편으로는 만약 운전자들의 비용이 상황에 따라 다르다면(예를 들어, 하루의 운행을 마치고 집으로 돌아갈 때 같은 방향으로 가는 승객을 태우면 비용이 절감된다) 그들이 승객 중에 골라서 선택하는 것이 경제적으로 효율적일 수 있다. 이렇게 하면 각각의 운행이 더 유리한 운전자에게 돌아갈 것이다. 하지만 모든 관련 변수를 완벽하게 넣어서 모델을 만드는 일은 매우 복잡할 수 있다.

존은 '좋은' 운행과 '나쁜' 운행 두 가지가 있고 모두 똑같이 발생할 것으로 가정함으로써 문제를 단순화했다. 또한 운전자들이 오직 다음의 두 가지 전략만 가지고 있다고 가정했다. 1) 모든 운행을 수락하기 또는 2) '좋은' 운행은 수락하고 '나쁜' 운행은 거부하기. 그는 문제를 단순화함으로써(두 가지 종류의 운행, 두

가지의 전략) 그렇지 않았다면 얻지 못할 통찰력을 갖게 되었다.[13]

그는 이렇게 덧붙였다. "일단 내가 문제에 대해 이해의 발판을 마련하면 더 자세히 파악할 수 있습니다. 나는 변수 하나를 추가할 때마다 그 추가된 복잡함이 어떤 역할을 하는지 그 의미를 더 잘 이해할 수 있게 되죠. 이것은 단지 한 가지 예에 불과하지만 내가 어떻게 일하는지를 잘 보여 줍니다. 나는 문제가 어떻게 '작용하는지'에 관한 직감을 얻기까지 그것을 계속 단순화하고 질문을 던집니다. 이는 극도로 복잡한 세상을 이해하기 위해 굉장히 유용한 체험적인 학습법입니다."

수학적 성향이 강한 일부 독자들은 이 원칙을 어려운 사고를 회피하는 방법이라고 해석할지도 모른다. 하버드 케네디 스쿨의 동료이자 《조기 입학 게임*The Early Admissions Game*》의 공저자인 크리스 에이버리는 다음과 같이 밝혔다. "내가 리처드를 만나기 전에는 쉬운 해결 방법을 택해서 복잡한 계산을 단순화하는 것이 어쨌든 비겁한 일이라 생각했습니다. 하지만 이것이 능숙하지만 잘못된 계산을 하는 것보다 더 영리한 방법이라는 사실을 리처드에게 배웠습니다."[14]

원칙
03

복잡성을 핑계 삼지 말라

이번 원칙은 단순화하라는 두 번째 원칙에서 좀 더 나아간 것으로, 우리가 문제의 핵심에 접근하기 위해 필요한 만큼 냉철하게 사고하지 않을 경우, 때로는 복잡한 문제 속에서 길을 잃을 수 있다고 설명한다. 역시 하워드 라이파의 가르침을 받은 밀턴 바인슈타인은 리처드의 과거 학생이자 공저자이기도 하다. 그는 하버드 T. H. 챈 공중 보건 대학원에서 수년간 교수로 일해왔다. 그의 기억에 따르면 1970년대에 리처드가 분석법을 가르칠 때, 학생들에게 복합적 동적 모델을 비판하도록 했는데, 이를 개발한 연구자들은 모델이 가진 강점이 오히려 복잡성이라고 주장하였다. "연구자들은 모델이 매우 복잡해서 그 산출물이 만들어 낸 결과를 인간의 두뇌만으로는 직관적으로 이해하는 게 불가능하다고 주장했습니다. 하지만 리처드와 나는 이와 정반대로 가르쳤습니다. 모델이 의외의 결과를 낳을 수 있지만 예상 밖의 결과에 숨은 직관적 의미를 밝혀내고 정책 및 의사 결정자들에게 쉬운 말로(도표 등의 도움을 받아) 설명할 수 있을 때까지 분석가의 임무는 끝난 게 아니라고 말이죠. 결과를 해석할 수 없는 모델은 쓸모가 없습니다. 모델이 직관적인 통찰력으로 해석되고 널리 이해돼야만 유용한 것입니다."[15]

과거 하버드 케네디 스쿨 동료였고 현재 브라운 대학의 교수인 글렌 로리는 리처드가 어떻게 불필요한 복잡성을 피할 수 있도록 도와주었는지 떠올렸다. "경제학자로서 말하자면, 복잡성을 핑계 삼지 말라는 것은 잭하우저 원칙의 정수입니다. 케네디 스쿨에서 일할 때 내 연구실은 그의 연구실에서 몇 발자국밖에 떨어져 있지 않았죠. 그래서 리처드와 자주 마주치며 아이디어를 나누었습니다. 우리 대화는 흥미롭고 광범위한 주제를 다루었지만, 주로 짤막한 분석 경제학에 대한 이야기가 핵심이었습니다. 내가 리처드와 30여 년 전에 나눈 그 많은 대화에서 얻은 중요한 교훈이 이 원칙에 아주 멋지게 담겼어요. 이는 이후의 내 연구에 깊은 영향을 주었습니다. 예를 들어 경제 현상을 모델로 만들 때 복잡성을 핑계로 삼는 나를 자주 발견하곤 합니다. 그럴 때마다 가까이 있는 중대한 문제 발견에 실패했다는 사실을 애써 숨기려 하죠. 나는 복잡함을 핑계로 삼으며 분석에서 메타 분석으로 급하게 넘어가려고 합니다. 그러다가 가장 실용적으로 통찰을 일반화하려는 노력도 없이 보편성을 찾는 데서 결국 끝이 납니다. 이것이 한마디로 난해주의인데, 다행히 나는 리처드의 영향을 받아 이렇게 흘러가는 내 모습을 경계할 수 있는 거죠."

리처드의 학부 연구 조교인 로라 스토야노비치는 다음과 같은 일화를 말했다. "잭하우저 교수님과의 연구에서 어려운 문제에 대한 저의 첫 반응은 가까이 있는 기본적인 문제점을 이해하는 대신에 어떻게 복잡한 기법을 적용할지 생각하는 것이었습니다. 수업 중에 배운 무언가를 적용하거나 문제에 대한 흥미로운 새 접근법을 생각하면서 흥분했을지도 모르죠. 그런데 문제를 해결하기 위해 더 복잡하게 만드는 것이 필요할까요? 아마도 아닐 겁니다. 그래서 나름 흥미롭지만 복잡한 해법을 가지고 잭하우저 교수님을 여러 번 찾아 갔을 때, 교수님은 설명을 주의 깊게 들으시고 훨씬 단순한 방법으로 제 아이디어를 실행할 수 있도록 완전히 바꾸어 주셨습니다."

우리는 가끔 어려운 문제의 복잡함을 핑계 삼아 이를 해결하는데 도움이 될 수도 있는 분석적 작업을 회피한다. 하지만 W.

킵 비스쿠시가 밝히듯이 이는 엄청난 실수이다. 킵은 현재 밴더빌트 대학의 교수인데, 그는 일부 요인들의 정확한 평가가 불가능한 분석 환경에서 이 원칙을 잘 활용하고 있다. "어떤 사람들은 문제를 논리적으로 분석하기보다 그 문제가 너무 복잡하고 다루기 어렵다고 단정합니다. 2020년의 코로나 바이러스 위기는 복잡성을 핑계 삼지 말라는 원칙이 제 역할을 할 수 있었던 가장 최근의 사례이죠. 어떤 사람들은 감염 위험의 평가와 예상되는 경제적 여파가 너무 불확실해서 분석을 고려하는 것조차 힘들다고 합니다. 하지만 이는 분석적 사고로 가장 큰 이익을 얻을 수 있는 상황입니다."

복잡성을 핑계 삼지 않는다는 것은 상황을 최대한 분석해서 단순화한다는 의미다. 이렇게 단순성을 적용하면 프로젝트를 진행하는 데도 도움이 된다. 하버드 케네디 스쿨에서 연구 센터를 이끄는 스캇 릴런드는 리처드가 케네디 스쿨에 단기(보통 1년 정도)로 오는 선임 연구원들에게 단순성의 원칙을 활용한다고 말했다. "우리 연구원들은 미시 경제 정책이나 금융 규제, 또는 공공 의료에 관한 책을 쓰길 바라면서 프로그램을 시작합니다. 그들의 노력은 처음엔 흔히 복잡성이란 수렁에 빠져 버리죠. 리처드는 그들에게 작지만 중요한 소주제를 고르도록 하고 '무언가 흥미로운 것을 쓰라'고 제안했습니다. 그것만으로도 충분히 독립된 연구 논문이 될 수 있고요. 보통 성공적인 연구원이 되는 데는 그걸로 충분하죠. 만약 그들이 서너 개의 연구 논문을 쓴다면 책을 집필하려던 자신들의 원래 목표로 연결되어 각 장을 구성할 수 있게 됩니다." 스캇은 다음과 같이 덧붙였다. "나는 항상 이러한 원칙을 조금씩 바꾸어 사용합니다. 만일 회의를 계획하면, 어디서든 단순하게 시작해서 덧붙여 가죠. 프로젝트를 계획하고 있으면 단순한 상황으로 핵심만 골라내고 진행하는 동안 점차 살을 붙여 나갑니다."

다른 사람들의 연구를 이해하기 위해서 질문할 때도 단순성의 원칙은 중요하다. 리처드의 과거 동료이자 공저자이며 현재 UCLA 대학의 교수인 테드 파슨은 이렇게 말했다. "무언가 단순하게 질문하는 방법을 찾는 것은 당신의 사고를 명확히 하는 데 도움이 됩니다. 멍청하게 들릴지 모르는 단순한 질문을 하는 데 발생하는 잠재적 이점과 대가를 계산해 보세요. 멍청한 질문을 할 때 생기는 부정적인 점은 다른 사람이 당신에 대해 안 좋게 생각하게 되고, 당신은 잠깐 동안 당황스러운 경험을 한다는 점입니다. 하지만 이런 부정적인 상황은 성공적으로 수습하지 못하더라도 회복이 가능하고 또 금방 지나갑니다. 반대로 긍정적인 측면은 단순한 말로 정리하지 않았다면 얻기 힘들었을 질문을 통해 무엇이 문제인지 스스로 분명하게 이해할 수 있게 되었다는 점이죠. 게다가 주변 사람을 위해서도 문제점이 무엇인지 명확히 정리해 줄 수 있습니다. 당신 자신뿐 아니라 다른 사람들도 새롭게 통찰력을 가지도록 도와줄 수 있으므로, 혼란에 빠진 다른 사람들이 당신에게 감사하게 되죠. 특히 당신이 조금의 위험도 감수하지 않으려는 습관을 가지고 있다면 질문을 하는 편이 언제나 훨씬 낫다고 단언합니다."

하버드 케네디 스쿨의 교수인 게리 오런은 단순성의 원칙이 현실에서 종종 무시된다고 말한다. "이는 상식이지만 관행은 아닙니다. 왜 단순성의 원칙은 이해는 쉽지만 지키기는 어려울까요? 그 이유 중 하나는, 어떻게 저비용으로 고품질의 의료 체계를 제공할 것인지, 악의적인 집단이나 단체들이 활개 치는 세계에서 어떻게 국가 안보를 유지할 것인지, 글로벌 경제를 어떻게 운영할 것인지 등 흔히 우리가 연구하는 이슈들이 복잡하기 때문입니다. 그리고 이러한 이슈들을 정확히 단순화하기는 어렵습니다. 더군다나, 우리는 학교에서 KISS 원칙을 어기라고 교육받았죠. 역사 시험에서 '로마 제국은 왜 멸망했나?'라는 질문을 받으면 우리는 답안을 가능한 많이 채워야만 했습니다. 우리가 머릿속에 있던 것을 쏟아내면 채점하는 사람은 거기서 서너 가지의 요점을 찾는 식이죠. 어쩌면 학교에서는 이렇게 해서 A를 받았을지 모르지만, 현실 세계에서 이런 접근으로 A를 받기는 어렵습니다. 우리는 문제가 복잡하고 방대하다는 이유로 변명할 수 없습니다. 듣는 사람들은 우리의 생각과 말을 대신해 정리해 주지 않을 것입니다. 즉, 우리 스스로가 그것들을 단순화해야 한다는 의미입니다."

CASE STUDY

야구 코칭에 필요한 단순성

게리 오런 Gary Orren 하버드 대학교에서 과거 52년 동안 강의를 해 온 정치학과 리더십 V.O. 키 주니어 교수. 오벌린 대학 수석 졸업, 하버드에서 박사 학위를 받았다. 여론, 정치학, 설득에 관한 탁월한 전문가이다.

나는 중서부 지방에서 야구를 하며 컸고, 그 후 뉴잉글랜드에서 어린이 야구팀을 지도했는데, 이때 야구 코칭의 핵심은 단순성에 있다는 사실을 알게 되었다.

스포츠 중에 제일 어려운 것은 던지는 공을 맞추는 일일까? 나는 야구팀의 소년들에게 어떻게 야구공을 치는지 가르치려고 노력했다. 내 코치 경력 초반의 어느 여름, 당시 인기 있던 테드 윌리엄스*의 야구 지침서를 포함해 타구의 과학에 대한 책을 여러 권 읽

---

* 미국의 유명 야구선수—옮긴이

었던 게 생생하게 기억난다. 그러고 나서 나는 삽화 및 도표와 함께 종합적인 자료를 준비하여 팀원들 앞에서 발표했다.

그다음 주에 내가 자리를 비우고 출장을 가느라 보조 코치가 팀 훈련을 맡았다. 그는 순진하게도 일주일 전에 내가 발표한 내용 중에 무엇을 기억하는지 아이들에게 물어보았다. 하지만 멍한 표정과 함께 "잘 모르겠는데요"라는 중얼거림만 그에게 들려왔다. 내 발표는 그들에게 흐릿하게 남은 기억에 불과했다.

나는 돌아온 후 보조 코치에게 연락을 해 연습이 어떻게 되었는지 물었다. 그는 사실대로 이야기해 주었는데 아이들이 암묵적으로 나에게 낙제 점수를 주었다고 했다. 나는 이 창피한 성적표를 보고 가까스로 나 자신을 수습한 후에야 내가 너무 구체적인 내용들을 전달하여 아이들이 부담을 느꼈을 것이라는 사실을 인정했다. 비교적 가까운 거리에서 빠른 속도로 던진 야구공을 때리는 것은 복잡한 요인들이 얽힌 매우 어려운 동작이다. 내 생각과 발표는 줄곧 이런 복잡성에 사로잡혀 있었던 것이다. 나는 야구장에 희뿌연 연기를 피우고 있던 것이나 마찬가지였다.

나는 새로운 발표를 준비하기 시작했다. 이제 생각을 명확하게 하고 단순하게 가르칠 때였다. 단순성의 원칙은 나의 길잡이이며 구세주였다.

다음 팀 훈련에서는 가장 중요하다고 생각하는 세 가지 요소에 집중하기로 결심했다. "그것은 세 가지 H에 대한 것이었습니다. 손(Hands)과 엉덩이(Hips), 머리(Head)." 그 내용은 다음과 같았다. 손으로 어떻게 배트를 잡고 몸의 어떤 위치에 고정시키는가. 투수를 향해 어떤 방향으로 엉덩이를 고정시키고 배트를 휘두를 때 어떻게 회전하는가. 머리를 들고 투수의 손에서부터 배트에 맞힐 때까지 어떻게 항상 공에서 눈을 떼지 않는가.

손과 엉덩이, 머리. 이것은 우리의 주문이 되었다. 나는 야구공을 치는 복잡한 방법을 세 가지 요소로 단순화했다. 이것은 이해하기 쉽고 기억에 오래 남았다. 단순성 원칙의 결과는 '3의 법칙'이었다. 학계의 연구와 증거 사례들도 세 가지의 특별한 효과를 증명한다. (예를 들어, 세계 어디서나 사람들은 "제자리에, 준비, 출발."이라고 말한다.)

그 시즌에 우리 야구팀은 매사추세츠주 뉴턴 디비전 리틀 리그의 11세 대회에서 우승을 차지했다.

원칙
04

일상의 유사한 상황을 먼저 떠올려 보라

두 나라 간의 협상은 부부 사이나 부모와 자녀 간의 간단한 협상과 구조적으로 비슷할지도 모른다. 그래서 처음엔 후자를 이해하는 것이 더 쉽다. 리처드는 이란과의 핵 협상 같은 실제 국제 협상을 설명하기 위해서 그가 집수리를 위해 건축업자와 했던 협상의 사례를 자주 활용한다. 이와 관련해 하버드 케네디 스쿨의 박사생으로 다년간 리처드 교수의 조교를 맡고 있는 앨리스 히스는 다음과 같이 말했다. "큰 정책적 문제들은 흔히 우리가 매일 겪는 '사소한' 문제들과 구조적으로 유사합니다. 가장 큰 차이점은 영향을 받는 사람들의 숫자이죠. 하지만 우리가 일상의 사례에서 유사한 점을 발견한다면 문제를 정말 잘 이해하고 우리의 직관을 더 큰 문제에 적용할 수 있습니다."

이때 우리가 선택하는 비슷한 사례란, 일상의 상황들이거나 어떤 이유로 인해 기억에 남는 일들일 수 있다. 예를 들어, 당신이 양동이를 사용해서 나이아가라 폭포 위로 100개의 똑같은 물건들을 하나씩 옮기려 한다고 생각해 보자. 당신에게는 두 종류의 양동이가 있다. 첫 번째 양동이는 100번 사용하여 70번 성공했다. 두 번째 양동이는 두 번 사용하여 한 번 성공했다. 당신이라면 어떤 양동이를 선택할 것인가? 이것은 리처드가 그의 학생들과 동료들에게 묻는 고전적인 퀴즈 중 하나이다. 다음에 나오는 답을 읽기 전에 잠깐 멈추고 1분 정도 생각해 보라.

다른 정보나 제한 사항이 없는 경우 당신은 전체 성공률을 가늠할 수 있을 때까지 두 번째 양동이를 좀 더 사용해 봐야 한다. 첫 번째 양동이는 성공 확률이 70퍼센트에 가깝다는 것을 합리적으로 알 수 있지만 두 번째 양동이는 두 번밖에 사용하지 않았기 때문에 매우 불확실하다. 따라서 당신은 더 많은 증거를 모아서 성공 확률이 70퍼센트 미만(이 경우 첫 번째 양동이로 바꾸어야 함)이거나 또는 70퍼센트 이상(이 경우 두 번째 양동이를 계속 사용함)이라는 결론을 내릴 수 있을 때까지 추가로 두 번째 양동이를 많이 사용해 봐야 한다.

마리알린 카틸롱도 이 퀴즈를 풀었고, 다음과 같이 자신의 생각을 전했다. “나이아가라 폭포 위로 양동이를 사용해 물건을 옮기는 장면은 익숙한 것들(프로젝트, 아이디어, 제품, 조직, 레스토랑 등)과 경험이 적은 대안 중에서 선택해야 할 때 항상 머릿속에 떠오르는 질문이에요. 예상 성공 확률이 같다면 불확실성이 더 클수록 새로운 양동이를 사용해 봐야 합니다. 그리고 실험의 최적 기간은 기존 제품과 신제품 중에 어떤 것이 더 나은지에 달려 있죠. 기존 제품으로는 언제든지 돌아갈 수 있으니까 신제품이 나빠 보여도 오래 실험해 봐야 합니다. 하지만 만약 기존 제품이 더 우수하다고 일찌감치 결정해 버리고 신제품을 영원히 포기한다면 그 제품이 어떤지는 절대 알 수 없을 것입니다. 다시는 되돌릴 수 없는 것이죠.” 제약 회사들의 신약 실험을 담당했던 마리알린의 직무 경력이 이런 생각에 영향을 주었음에 틀림없다.

마리알린은 이렇게 덧붙였다. “나이아가라 폭포의 비유는 프로젝트 책임자, 연구원, 자산 관리자의 관점에서 매우 중요한 의미를 담고 있습니다. 프로젝트에 시간과 노력을 투자할지 결정할 때 선택의 가치를 생각해 보세요. 더 불확실한 결과의 프로젝트가 더 흥미롭고 잠재적 영향도 큽니다. 어떤 영역(예를 들어 연구 주제나 사업 아이디어)을 최초로 탐색하는 것은 어쩌면 훨씬 더 흥미진진하고, 이미 많이 알려진 분야에 진입하는 것보다 더 용이합니다. 위험도가 높은 프로젝트는 더 많은 이익을 가져다줄 수 있죠."[16]

경제 컨설턴트인 조나단 브록은 자신과 다른 분야에서 일하는 변호사, 판사들과 업무상 자주 소통해야 했고, 겸업으로 케네디 스쿨 학생들에게 강의를 했는데 이럴 때마다 비유적 접근을 효과적으로 활용했다. "컨설턴트와 통계학 강사로서 일하는 동안, 많은 사람들(적어도 내 주변에 개인적으로나 업무적으로 알고 있는 사람들)이 잘 알고 있는 익숙한 정치 여론 조사 사례를 활용해 복잡한 통계 문제를 설명하는 것이 효과적임을 알게 되었습니다. 예를 들어, 담보 보증 증권의 실적을 평가하기 위해 표본을 추출할 때 그 오류의 개념을 설명하려고 한다면, 나는 곧 있을 대통령 선거 여론 조사가 가진 고유의 불확실성에 이를 비유할 것입니다."

전문적인 개념을 비전문가에게 설명할 때 비유는 매우 효과적이다. 예를 들어, 특정 지역사회의 빈곤 감소와 소액 금융 지원 프로그램의 상관관계를 측정하는 데 관심이 있다고 가정해보자. 당신은 소액 금융 지원 프로그램에 참여한 사람들의 빈곤율이 그 후에 변화했는지 알 수 있다. 만약 빈곤율이 감소했다면 프로그램이 효과적이었다고 결론을 내릴 것이고, 만약 감소하지 않았다면 효과가 있었다고 말할 수 없을 것이다. 그러나 다른 많은 요인들이 참여자들의 빈곤율을 감소시킬 수 있기 때문에 이것은 좋은 방법이 아니다. 예를 들어, 특별히 좋은 날씨 덕분에 이 프로그램 참여자가 작물을 많이 생산하여 수익을 더 얻었을 수도 있다. 어쩌면 전체적으로 경제 상황이 더 좋아졌을지도 모른다.

그러면 우리는 어떻게 프로그램의 효과를 측정할 수 있을까? 이상적으로는 소액 금융 지원 프로그램 참여자들의 이후 상황과 그들이 참여하지 않았다는 가정의 상황을 비교할 수 있다. 후자를 가상 현실법(프로그램 참여가 없었다면 발생했을 사실)이라고 하는데 물론 우리가 직접 관찰할 수 있는 일은 아니다. 실제로는 연구자들이 소액 금융 지원 프로그램에 참여한 집단을 프로그램에 참여하지 않은 동일한 조건의 집단과 비교함으로써 가상 현실을 만들어 낸다. 후자의 집단을 흔히 대조군이라고 한다.

따라서 소액 금융 지원 프로그램이나 다른 많은 공적 개입의 효과를 평가하는 중요한 단계는 이에 참여한 집단과 비교 가능한 대조군을 만들 수 있는가이다. 간단한 비유를 하자면 사과와 사과를 비교하는 것과 같다. 나는 정책 개발자들에게 사회 보장 프로그램 평가에 대해 교육할 때 똑같은 두 개의 사과를 슬라이드로 보여 주면서 이러한 비유를 수백 번 사용했다. 그리고 매번 어떻게 이런 단순한 그림이 이 추상적인 아이디어를 구체화하는 데 도움이 되는지를 보고, 놀라지 않을 수 없었다. 그들은 주어진 평가 방법으로 믿을 만한 결과를 얻을 수 있을지에 대해 논의하면서 교육 내내 이 비유를 자주 언급했다.

소액 금융 지원 사례로 돌아와서, 프로그램에 지원해서 혜택을 받은 사람들의 집단을 지원조차 하지 않은 집단과 비교해 프로그램의 영향을 평가하는 것은 적절하지 않다. 그 이유는 두 집단은 서로 다르고 특히 한쪽은 소액 금융 지원 프로그램 참여 집단에 스스로 선택하여 들어갔기 때문이다. 우리는 결과의 차이가 프로그램 때문인지 두 그룹이 처음부터 달랐기 때문인지 알 수 없다. 이것은 사과를 오렌지와 비교하는 것과 같다.[17] 이 비교의 문제를 해결하는 방법은 무작위로 어떤 집단에는 개입하고 다른 집단에는 개입하지 않는 무작위 대조 시험을 실행하는 것이다. 무작위 대조 시험을 적절하게 설계하고 실행하면 마치 사과와 사과를 비교하는 것처럼 믿을 수 있는 프로그램 효과의 측정이 가능하다.[18]

반세기 넘게 리처드의 동료이자 친구이며 현재 하버드 케네디 스쿨의 교수인 게리 오런이 어떻게 비유를 통해 아이디어가 기억에 오래 남는지에 대해 또 다른 예를 설명하고 있다.

CASE STUDY

아메리코와 스위스 군용 칼

| 게리 오런

아메리코는 정부 서비스의 단일 산하 기관으로서 미국 내 수백 개의 비영리 단체(시티 이어City Year, 티치 포 아메리카Teach for America, 해비타트 포 휴머니티Habitat for Humanity 등)를 연결하는 정부 네트워크이다. 아메리코는 공적 부문과 사적 부문의 공동 지원으로 연방 정부, 기업, 단체, 개인 기부자들로부터 재정적 지원을 받는다. 이 단체의 회원들은 일반적으로 17세에서 24세 사이인데 한두 해 동안 활동하면서 시민 참여 분위기 조성과 리더십 역량 개발에 힘쓰고, 학업 성취도, 청소년 멘토링, 빈곤 타파, 국립 공원 보존 및 활성화 등 지역 사회의 주요 요구에 부응한다.

나는 1990년대 초에 다른 사람들과 함께 아메리코 프로그램의 설립을 도왔고 수년 동안 이 프로그램의 열성적 지지자였다. 하지만 불행하게도 모두가 나처럼 아메리코를 사랑한 것은 아니었다. 막강한 권력을 가진 이들을 포함해 어떤 사람들은 프로그램에 반대할 뿐만 아니라 지원 자금을 삭감하고, 심지어 이를 폐지하려고 했다. 나는 국회 의사당, 기업 이사회, 관계 기관에서 아메리코를 변호하고 홍보했다.

나는 이렇게 치열한 투쟁 속에서 통계 자료, 실제 사례, 역사적 정보로 무장하고 있었다. 거기에 내 주장을 뒷받침하기 위해 새로운 무기를 추가하기로 결정했는데 이는 아메리코를 일상의 유사한 사례에 비유하는 것이었다. 상대방이 알고 있는 익숙한 비유를 통해 그들이 아직 이해하지 못한 아메리코에 대한 찬반 의견을 명확하게 전달할 수 있었다. 나는 유사한 비유가 내 메시지를 더 오래 기억하게 해 주는 그림을 그리는 것과 같다고 믿었다.

나는 아메리코의 주요한 특징을 반영해 줄 일상의 비유가 필요했다. 아메리코는 젊은 사람들이 지역 사회를 위해 적당한 대가로 가치 있는 많은 일들을 제대로 할 수 있는 프로그램이었다. 그렇다면 이와 비슷한 것은 무엇일까? 나는 몇 가지 가능한 대안과 제안들을 고려했다. 그러던 중 학술 논문을 보다 내 눈을 사로잡았던 제목인 "아메리코는 미국의 스위스 군용 칼이다"라는 비유적 표현을 선택했다. 스위스 군용 칼은 아메리코 프로그램처럼 적당한 가격에 많은 중요한 일들을 제대로 처리할 수 있다. (하지만 이것은 가장 좋은 스크루 드라이버나 가위, 칼은 아니다.)

나는 입법부, 기업체, 기관의 장들과 이야기를 나눌 때 이 비유를 적절하게 이야기했다. 몇 주 후에 그들의 사무실을 찾았을 때 "몇 주 전에 아메리코 프로그램에 대해 이야기를 나누었습니다."라고 말하며 다시 나를 소개했다. 많은 사람들이 만족스러운 웃음을 지으며 "아, 맞아요, 당신을 기억해요. 스위스 군용 칼 이야기를 한 분이죠."라고 대답했다. 다음 사무실에서도 "스위스 군용 칼 얘기한 분이죠."란 말을 들었다. 복도에서도 "스위스 군용 칼 얘기한 분이죠."라는 말이 들려왔다. 여러분은 이 일상에 대한 비유가 분석적 사고를 위한 또 다른 원칙이며 적절한 인정의 표현임을 알 수 있다.

하지만 우리는 생각하는 동안 장점에만 사로잡혀 연결 고리의 가장 취약한 단점을 간과하면 안 된다. 더군다나 연결 고리의 단점을 인정하면 자주 다른 사람들과 소통할 때 설득력을 얻을 수 있다. 단점을 인정함으로써 정직함과 객관성을 전달하고 우리가 말하는 내용을 더 신뢰하게 만든다.

나는 아메리코의 강력한 지지자지만 아메리코에 대해 찬성과 반대가 있음을 알고 있다. 사실 스위스 군용 칼을 사용하면 필요한 일들만 적당히 잘할 수 있듯이, 젊은 회원들은 단지 일상적인 서비스만 어느 정도 잘하고 있다. 솔직히 이 스위스 군용 칼은 가장 좋은 칼이나 스크루 드라이버, 가위 정도는 아니다. 마찬가지로 젊은 아메리코 회원들은 17, 18, 19세에 불과하고, 읽고 쓰는 능력을 가르치는 교육을 받은 전문적인 학교 교사나 주민 센터를 복구하는 훈련을 받은 전문 건설 노동자가 아니었다.

나는 이를 인정하는 것이 두 가지 이유로 적절하다고 생각했다. 정부 서비스 부문의 전문가들과 아메리코에 익숙한 사람들은 이미 많은 회원들이 꽤 잘하고 있다는 사실을 알고 있었다. 따라서 내가 이 사실을 별도로 언급하지 않아도 논의에서 자연스럽게 나올 것이었다. 게다가 나는 회원들이 웬만큼 잘하고 있다는 것만 말한 게 아니라 어떤 일은 굉장히 잘하고 있다고 강조했다. 그들은 어린 학생들에게 롤 모델이 되었고, 세상을 바꾸는 데 열정적으로 참여했으며,

프로젝트에 지치지 않는 활력을 불어넣어 주었다.

나는 스위스 군용 칼의 비유를 통해 아메리코의 장점과 단점을 더 잘 이해하고 다른 사람들에게 이렇게 이해한 내용을 효과적으로 전달할 수 있었다.

MAXIMS FOR THINKING ANALYTICALLY

2장
불확실성 고려하기

세상은 불확실성으로 가득 차 있다. 특히 파급력이 높은 사건들의 경우 더 그렇다. 코로나 19 전염병, 9 • 11 테러 공격, 조지 플로이드의 죽음 후 전미 경찰 개혁을 위한 시도 등을 생각해 보라. 평온하던 일상에 갑자기 닥친 심각한 건강 문제나 갑작스럽게 생긴 경제적 기회처럼 개인적인 일도 마찬가지이다. 우리는 가끔 예상할 수 없고, 생각지도 못한 사건을 이해하기 위해 뒤늦은 깨달음을 활용하곤 한다. 이 장에서 소개된 원칙을 활용하여 불확실한 세상에 대해 명확하게 생각할 수 있길 바란다.

원칙
05

세상은 생각보다 훨씬 더 불확실하다

2016년 11월 8일 화요일 도널드 트럼프가 미국의 대통령으로 선출되었다. 정치적 견해와 상관없이 당신은 이 뉴스를 들었을 때 얼마나 놀랐는가? 나는 이 질문을 수백 명의 하버드 학생들에게 했는데, 상당히 많은 학생들이 놀라거나 충격을 받았다고 대답했다. 그들의 답에는 많은 이유가 있겠지만 공통점은 이런 결과가 나타나리라고는 생각하지도 않았다는 것이다.[19] 불확실성에 관한 원칙은 확실성은 환상에 불과하며, 세상은 대부분의 사람들이 생각하는 것보다 훨씬 더 불확실한 곳이라는 사실을 상기시켜 준다.[20] 그러므로 다음번에 어떤 사건이 확실히 일어나거나 또는 다른 사건이 절대로 일어나지 않을 것이라고 생각한다면 잠시 멈추고 이 원칙을 되새겨 보라.

전문가와 공상 과학 소설 팬들을 제외하고 우리 모두에게 세상이 놀랍도록 불확실한 곳임을 가장 적나라하게 보여 주는 최근의 사례는 바로 코로나 19 팬데믹이다. 2020년 초반 전 세계를 휩쓴 전염병 때문에 우리 모두의 삶이 완전히 뒤바뀔 것이라고 생각한 사람은 거의 없었다. 하버드 케네디 스쿨의 박사생이자 리처드 교수의 강의 조교인 마리 파스칼 그리먼은 이렇게 말했다. “우리가 1918년 창궐한 스페인 독감 이래 가장 강력한 전염병에 직면하게 될지 불과 몇 달 전에 누가 생각이나 했을까요? 우리는 예측을 하고, 그것이 결정을 내리는 데 도움이 되지만 세상은 당신이나 내가 생각하는 것보다 훨씬 더 불확실하다는 사실을 언제나 명심해야 합니다.”

우리는 이 원칙을 위기의 순간에 무시한다. 이러한 위험은 고위직의 정책 결정에까지 영향을 미친다. 제이슨 퍼먼은 8년 동안 미국 오바마 대통령의 경제 고문이었고 리처드의 케네디 스쿨 동료이기도 했는데, 백악관 재직 당시를 다음과 같이 회고했다. “최고의 정치 및 입법 보좌관들은 정치 사안에 대해 오직 두 가지의 가능성인 0과 1만을 가지고 있었습니다. 아주 유능한 정치인도 법안이 통과되기 수 주 전에 ‘나는 의회에 수년간 있었는데 그들이 본안을 통과시킬 가능성은 전혀 없다고 장담해.’라고 말할 것입니다. 또는 '워싱턴에 있던 수십 년 동안 이런저런 내용을 법안에 넣었는데 통과 안 된 적이 한 번도 없었어.' 하고 말하지만 몇 달 후에 그 법안은 통과되지 못할 것입니다."

불확실의 원칙은 대통령 선거나 전염병의 등장 같은 거대한 사건만이 아니라 우리의 사적인 일상에도 적용된다. 지난 몇 년 동안 일어난 주요 사건들을 생각해 보고, 만약 그 일이 발생하기 몇 년 전에 누군가 물었다면 이 일이 발생할 확률이 얼마라고 대답했을지 생각해 보라. 내 생각엔 적어도 그중에 한 번은 '이런 일이 일어날 리 절대로 없다'고 말할 것이다. 누군가 나에게 부르키나파소*에서 연구 프로젝트를 맡게 될 확률이 얼마나 될 것 같은지를 2004년에 물었다면, 나는 0이라고 대답했을 것이다. 나는 남미에서 자라 워싱턴에 살고 있었고, 모든 연구 프로젝트는 지리와 언어에 익숙한 미국과 남미에서 이루어졌다. 그러나 그 후 3년도 채 되지 않아 나는 전에는 들어 본 적도 없는 와가두구란 도시로 향하는 비행기를 타고 있었다.

비슷한 맥락에서 스톡홀름 경제 대학교 교수이자 리처드의 공저자인 애나 드레버 알멘베르크는 2008년 초 하버드 대학에 박사 과정 교환 학생으로 왔을 때 리처드와 논쟁을 벌였다. 게

---

* 아프리카 서부의 공화국—옮긴이

임 참가자들이 한판에 수십 번씩 무조건 확률을 예상해야 하는 점을 고려할 때 '과감하게' 위험을 감수하고 싶다면 브리지 게임(리처드가 놀라울 정도로 잘하는 카드 게임)이 매우 적합한 조건이라고 리처드는 주장했다. "그렇게 우리는 2008년 가을 매사추세츠주 보스턴에서 열린 북미 브리지 챔피언십에 가게 되었습니다. 그곳에서 도파민 수용체 유전자의 변화와 위험 부담의 관계를 설명하기 위해 브리지 게임 및 다른 종목에서 위험 부담에 관한 데이터를 모으고, DNA 샘플을 수집했습니다. 리처드를 만나기 전에 내가 브리지 챔피언십에 참석할 확률은 0이었습니다." 애나는 챔피언십에 간 것뿐만 아니라 몇 년 후에 리처드와 다른 공저자들과 함께 이 주제에 대한 연구 논문을 출판했다.[21]

확률이 낮은 사건이 발생하면(약체가 스포츠 챔피언십에서 우승하는 일) 우리는 그 사건의 발생을 예상할 수 있었던 이유를 밝혀내려는 경향이 있다. 이러한 현상을 과거의 사건이 실제보다 더 예측 가능했다고 인식하는 경향, 즉 사후 고찰 편향이라 한다. 그렇지만 많은 사건들이 일 년 동안 일어나는 것을 감안한다면 적어도 낮은 확률의 사건이 조금은 일어날 거라고 예측해야 한다. 예를 들어 일 년 동안 많은 챔피언십이 있기 때문에, 매년 어떤 스포츠 종목(테니스, 골프, 축구 등)에서는 누구도 예측 못한 우승 결과가 나올 수 있다는 사실이 그리 놀랍

지만은 않다.[22]

세상은 불확실한 곳이라는 사실을 깨달으면 계획을 더 잘 세울 수 있다. 리처드의 공동 저자 중 한 명이자, 현재 보스턴 대학의 교수인 윌리엄 사무엘슨이 제공하는 역사적 사례에서 설명을 시작해 보자.[23] 1967년 6월 이집트는 아랍과 이스라엘 간의 6일 전쟁 때문에 수에즈 운하를 폐쇄했다. 석유 회사들은 추가로 유조선들을 임대하는 등 앞다퉈 대체 운송 수단을 찾으려 했다. 그중 한 석유 회사의 경영 팀이 대비 계획의 일환으로 자사 분석가들이 언제 운하가 재개통할지 정확한 예측 날짜를 제공했다고 밝혔다. 분석가들이 1969년 7월의 한 날짜를 제시하자 그 회사는 운하가 그때 열린다는 가정 하에 모든 운송 작업을 계획했다. 사무엘슨은 다음과 같이 자세히 설명했다. "운명의 날에 그 회사의 추가 용선 계약은 만료되었고, 용선 계약 요율은 천정부지로 치솟았으며, 운하가 가까운 시일 내에 재개통하리라는 가망조차 없었습니다." 그들이 만약 수에즈 운하의 재개통 날짜가 불확실하다는 것을 알았다면 날짜를 단 하루로 확정하고 추가 용선 계약이 그대로 만료되도록 내버려 두지 않았을 것이다.[24]

현재 대형 레스토랑 체인의 경영 파트너인 리치 크럼홀츠는 리처드가 그의 학부 논문을 지도할 때 위험과 보험 분야에 대해 배웠다. 그는 길잡이가 되어 준 이 원칙 덕분에 대학 졸업 후 사업체를 운영하고 투자할 수 있었다고 했다. "우리는 미래에 무슨 일이 일어날지 알 수 없지만 살아가는 동안 아주 드물게 몇 번의 아주 힘든 시기를 겪게 될 확률이 높습니다. 9·11 테러나 코로나 19 전염병 같은 절망적인 상황이 발생한 후에 사람들은 특정 사건을 미리 예측하는 것이 거의 불가능하다는 사실을 정확하게 인지하죠. 그렇지만 단지 우리가 어떤 고난이 일어날지 모르기 때문에 이런 극적인 사건들을 극복하기 위해 사생활과 사업, 투자에서 대비할 필요가 없다는 뜻은 아닙니다. 인간의 심리는 가까운 과거를 바탕으로 아주 먼 미래를 추론하고자 하죠. 우리는 얼마 동안의 평화 뒤에 침착함을 찾고 확신을 갖게 됩니다. 하지만 세상이 우리가 생각하는 것보다 훨씬 더 불확실하다는 이 원칙에 따라 살아간다면, 잠재적인 위험에 주의를 기울이고 피할 수 없는 심각한 사건이 발생했을 때에도 신중하게 대처할 수 있을 것입니다."

과거 리처드의 학생이었고 현재는 펜실베이니아 대학의 와튼 리스크 센터장인 케롤린 코스키는 허리케인부터 산불, 테러리스트의 공격까지 위기관리에 대해 공부했다. 그녀는 업무에서 이 원칙을 고려할 때의 장점에 대해 다음과 같이 설명했다. "재난이 발생한 후에는 새로운 정책을 제정하라는 강력한 압박

이 들어옵니다. 그것이 (만약 시행되었다면) 이미 발생한 특정 사건을 막을 수 있었을지도 모르기 때문이죠. 하지만 다음에 발생하는 재난은 이전에 발생한 것과 절대로 똑같을 수 없습니다. 우리는 더 확장된 시야로 폭넓게 미래를 바라보며, 발생 가능한 모든 뜻밖의 상황에 견고하고 효과적인 정책으로 대비해야 합니다." 그런 면에서 많은 사람들은 9·11 테러 이후 미국 정부의 대응 방식이 항공기를 이용한 테러 공격에만 과도하게 초점을 맞추고 다른 형태의 테러 공격에는 충분한 주의를 기울이지 않았다고 주장한다.

세상이 매우 불안정한 곳이라 인식하고 있는 사람들에게도 불확실성을 평가하는 것은 매우 어려운 과제이다. 리처드는 수업 중에 불확실성에 대해 설명하면서 아래 표처럼 연감 등의 자료에서 무작위로 뽑아 온 수치를 학생들에게 평가해 보라고 제안한다.

예측 평가 연습

	평가할 수치	1% 놀라움 점수	당신의 예측치	99% 놀라움 점수
1	안도라의 2020년 인구 1,000명당 출생률			
2	암스테르담에서 애틀랜타까지의 거리(킬로미터)			

3	2016년 미 대선에서 힐러리 클린턴이 앨라배마주 유권자에게 얻은 득표수			
4	아프가니스탄의 총면적(제곱킬로미터)			
5	2020년 미국 내 맥도널드 매장 개수			
6	2020년 알제리의 인구수			
7	2020년 앙골라의 평균 기대 수명(연)			
8	2017년 아르헨티나의 총수출액(달러)			
9	2020년 선거에서 미치 맥코넬이 켄터키 상원 당선에 획득한 득표수			
10	2020년 전 세계 사과 순매출액(달러)			

우리들 대부분은 아무리 생각해 봐도 답이 떠오르지 않는다. 이 연습의 목적은 실제 수치라고 확신하는 최선의 예측치뿐 아니라 범위도 표시함으로써 불확실성의 정도를 표현해 보는 것이다.

더 읽기 전에 이 연습을 해 보길 바란다. 표의 빈칸을 채우거나 빈 종이에 숫자를 적어 보라(당연히 인터넷을 참고해서는 안 된다). 1퍼센트의 놀라움 점수는 이 항목에 해당되는 가장 낮은 수치를 의미한다. 만약 평가치를 100이라고 한다면 이 값은

1퍼센트 미만이어야 한다. 이와 비슷하게 99퍼센트의 놀라움 점수는 이 항목에 해당되는 가장 높은 수치인데 100이라는 평가치에서 이 값은 99퍼센트 초과여야 한다. 실제 값이 놀라움 점수 범위에 속하지 않을 확률은 2퍼센트이다(아래로 1퍼센트, 위로 1퍼센트).

이 단계에 오면 학생들은 세상이 매우 불확실하고 자신의 예상과 믿음 때문에 불확실성을 과소평가하는 경향이 있음을 알게 된다. 그래서 이런 수치에 대해서 자신이 느끼는 불확실성 정도를 충분히 인지하지 못함을 리처드가 보여 주려 한다는 사실 역시 깨닫게 된다. 논리적인 추측에 대한 보상으로 리처드는 가장 근접한 예측을 한 학생에게 보통 상품으로 책을 수여한다. 가장 우수한 평가자의 예측치는 예외 없이 실제 수치에 근접할 것이다.

그럼에도 불구하고, 학생들은 자신의 신념을 과신해서 범위를 너무 좁게 잡는다. 평균적으로 30퍼센트의 응답이 1~99퍼센트 놀라움 범위 밖에 들어간다. 주지한 대로 만일 학생들이 정확히 불확실성을 평가했다면 2퍼센트 만이 의외의 결과여야 한다. 이것은 학생들이 자신의 지식수준에 너무 자신만만해한다는 의미이다.

표에서 묻는 항목들의 정답은 이 원칙을 소개한 부분의 마지막에 있다. 정답을 보기 전에 표를 먼저 완성해 보라. 당신이 정한 범위 밖(놀라움 점수의 1퍼센트 미만이거나 99퍼센트 초과)에 있는 정답은 얼마나 되는가? 만약 하나 이상이라면 리처드의 많은 학생들과 세상 사람들처럼 당신이 가진 신념을 바탕으로 불확실성을 과소평가하는지도 모른다.

확률을 예측하는 경험은 불확실성을 과소평가하는 경향을 줄이지만 완전히 없앨 수는 없다. 학생들이 다시 새로운 질문들로 연습을 하면 흔히 그들의 반 정도는 결과에 놀란다. 제이슨 퍼먼은 확률적 사고에 익숙한 백악관 경제 관료들이 앞서 불확실성의 인지에서 언급한 입법부 보좌관들보다 더 낫다고 주장한다. 그가 앞으로의 일자리 수를 예측해 달라고 요청했을 때, 그들은 불확실성을 강조하면서 90퍼센트 신뢰 구간을 제시했다. 그리고 "내 기억으론 전체의 75퍼센트 정도가 90퍼센트 신뢰 구간 범위에 들어갔다(따라서 심지어 '그들' 역시 불확실성 정도를 충분히 깊이 이해하고 있지 않았다)."

불확실성이 너무 커서 우리가 문제를 이해하는 주원인이 되는 경우가 있다. 에너지 정책 전문가이자 40여 년 이상 리처드와 케네디 스쿨 동료로 지내온 빌 호건은 1985년에 다음과 같이 기술했다. "정확한 석유 가격에 의존하는 정책은 문제가 생긴다. 불확실성의 범위는 매우 광범위하다. 너무나 커서 불확실성은 분석에 있어 제일 중요한 요인일지 모른다."

의료계에서는 관계자들이 항상 인지하지 않더라도 불확실성이 전반적으로 드러난다. 저명한 의사이자 작가, 공공 의료 책임자인 어툴 거완디는 이 점을 쉽게 설명한다. "환자들을 괴롭히고 의사들을 곤경에 빠뜨리며 급증하는 의료비 지출로 사회에 부담을 주는 의료계의 주된 난관은 불확실성입니다. 사람들과 질병에 대해 우리가 현재 알고 있는 지식과 그것들을 진단하고 치료하는 방법으로는 불확실성이 얼마나 깊게 작용하는지 이해하기 어렵죠. 그러나 의사로서 사람들을 돌보기 위해 알고 있는 것보다 알지 못하는 것에 더 애쓰게 된다는 사실을 알게 됩니다. 의료계의 기저 상태는 불확실성이죠. 그리고 환자와 의사들에게 지혜란 불확실성에 어떻게 대처하느냐에 따라 결정됩니다."[25]

이런 문제들을 생각할 때 위험과 불확실성, 무지를 구별하는 것이 도움이 된다(다음 표 참조). 우리는 확률과 상황을 아는 상태에서 위험에 맞닥뜨리게 된다. 예를 들어, 카지노에서 룰렛 게임을 하고 있다면 전체 경우의 수(구슬이 들어갈 수 있는 모든 가능한 슬롯 수)를 알 수 있고 각 상황이 발생할 확률(특정한 슬롯에 구슬이 들어갈 가능성) 역시 알 수 있다. "주사위, 카드, 기계 장치로 운영하는 카지노와 방대한 데이터를 보유한 보험 회사들은 위험에 대해 고려할 이유가 있습니다. 만약 우리가 그런 카지노에서 시간을 허비하거나 엄청난 양의 복권을 구매할 정도로 어리석다면 위험에 대해 걱정해야 합니다."라고 리처드는 적고 있다.[26]

결과를 알 수 없는 상황의 분류

		경우의 수	
		알 수 있음	알 수 없음
확률	알 수 있음	위험	해당 없음
	알 수 없음	불확실	무지

발생 가능한 경우의 수를 알 수 있으나 그 경우가 일어날 확률을 모른다면 '불확실성'에 직면하게 된다. 불확실성은 우리들에게 위험보다 훨씬 더 자주 일어난다. 예를 들어 당신이 어떤 치료를 받아야 할지 결정할 때, 고려 중인 치료 방법의 경과에 대해 잘 알고 있을지 모르지만(치료 가능과 치료 불가능) 각 경과에 대한 확률은 알지 못하고 경험으로 예측할 수밖에 없을 것이다. 리처드는 "불확실성은 위험은 아니지만 우리 앞에 놓인 일상적인 난관입니다."라고 밝혔다.

리처드는 위험과 불확실성보다 심각한 '무지'에 대해서도 폭넓게 다루었다.[27] 확률과 전체 경우의 수를 알 수 없는 상황에서 우리는 그저 무지할 수밖에 없다. 이것은 가장 극단적인 형태의 불확실성이다. 앞서 이번 장에서 설명한 많은 사례들은 절대로 일어날 것 같지 않았지만 발생하기 전에 상상할 수 있는 사건들과 연관되어 있다. 그렇지만 우리 삶에서 많은 중대한 사건들은 일어나기 전에는 상상조차 할 수 없는 것들이었다. 9·11 테러 공격은 무지의 대표적인 예이다. 무기로 사용하리라 생각지도 못했던 여객기가 역시 상상도 못한 결과로 이어져 월드 트레이드 센터를 무너뜨렸다. 리처드는 "무지는 위험을 뛰어넘어 불확실성과 함께 중요한 현상이라고 생각합니다. 무지는 널리 퍼질 뿐 아니라 엄청난 결과를 가져옴으로써 중대한 영향을 미칩니다."라고 밝혔다.

리처드는 많은 영역에서 무지에 대한 훌륭한 연구를 해 왔는데 아마도 데브자니 로이와 함께한 연구만큼 획기적인 것은 없을 것이다. 데브자니는 영국 출신 박사생으로 하버드 케네디 스쿨에서 리처드와 함께 박사 후 연구 과정을 했고 현재는 텍사스 공과 대학 보건 의학 센터에서 일하고 있다. 그들은 다음 연구에서 문학 세계의 무지에 관해 분석하였다.

CASE STUDY

문학에서 나타나는 무지

| 데브자니 로이 Devjani Roy 텍사스 공과 대학 의료 센터 경영 책임자. 하버드 케네디 스쿨의 박사 과정 후 연구원이었으며, 행동 과학과 인간성의 접점에 초점을 둔 연구를 진행 중이다.

2013년 여름 리처드와 나는 무지에 대한 연구의 기초가 된 초안을 쓰고 있었다. 우리는 레오 톨스토이의 소설인 《안나 카레니나》에 대해 토론했다. 안나는 존경받지만 엄격한 알렉시 카레닌의 아내였는데 젊은 기병대 장교인 카운트 브론스키와 불륜에 빠져 파멸로 치닫고 있었다. 우리의 토론은 의사 결정 과정으로서의 결혼으로 이어졌고, 특히 안나가 완고하고 무딘 카레닌 같은 사람과 결혼한 뒤 시간이 지남에 따라 미래의 삶에 대한 희망이 어떻게 사라지는지에 대해 다루었다.

리처드는 결혼은 인생에서 가장 중요한 결정으로 아마도 건강, 행복, 물질적 행복에 큰 영향을 미칠 거라고 밝혔다. 그러나 우리가 결혼에 대한 결정을 내릴 때 이에 대한 정보는 보통 아주 적거나 그조차도 불분명하다. 따라서 결혼은 무지의 상황이다.

'중대한 의외의 전개'(리처드의 말을 빌리자면)란 모스크바 역에서 브론스키와 안나의 우연한 만남이 톨스토이 소설의 시발점이 된 것처럼, 무지한 의사 결정자가 생각지도 못했던 중대한 결과를 낳는 것을 말한다. 충동적이고 무모한 안나가 그녀의 인생에서 무지의 중대성을 인식했는지는 알 수 없다. 하지만 우리는 모두 알아야만 한다. 실제로 우리는 결혼을 결정할 때 리처드가 말한 정보 희소성에 유의해야 한다.

'세상은 당신이 생각하는 것보다 더 불확실하다'는 원칙을 누구보다도 잘 이해하고 있는 리처드조차도 불확실성을 과소평가한 적이 있다. 리처드의 과거 제자이자 현재 오하이오 주립대학의 교수인 제프 비엘리키는 2004년 가을 그가 강의 조교였을 때 리처드와 나누었던 대화를 회상한다. 이 당시 보스턴 지역에서 리처드와 모두에게 사랑받던 야구팀인 보스턴 레드삭스는 포스트 시즌에 진출하여 경기를 잘 치르고 있었다. 그러나 아메리칸 리그 챔피언십 시리즈에서 최대의 라이벌인 뉴욕 양키즈에게 두 경기를 지고 말았다. "리처드는 레드삭스의 월드 시리즈 진출 가능성에 대해 다소 비관적이었다. 나는 많은 레드삭스 선수들이 의외로 아주 잘해 주고 있는 것을 보고 리처드의 예상처럼 전망이 그렇게 어둡지는 않다고 생각했다. 양키즈가 그 후에 레드삭스를 19대 8로 몰아붙일 때(펜웨이 파크에서 말이다!) 내 생각은 틀린 듯했다. 그런데 레드삭스가 반격을 시작했다. 그들은 네 게임을 연속으로 이기고 월드 시리즈에 진출하더니, 86년간

이어진 밤비노의 저주를 깨고 결국 우승을 차지했다."[28]

평가 연습 정답[29]

	평가할 수치	정답	답은 1% 놀라움 점수 미만이었는가, 99% 놀라움 점수 초과였는가?
1	안도라의 2020년 인구 1,000명당 출생률	출생 7/1000	
2	암스테르담에서 애틀랜타까지의 거리(킬로미터)	7,082	
3	2016년 미 대선에서 힐러리 클린턴이 앨라배마주 유권자에게 얻은 득표수	729,547	
4	아프가니스탄의 총면적(제곱킬로미터)	652,230	
5	2020년 미국 내 맥도널드 매장 개수	13,226	
6	2020년 알제리의 인구수	42,972,878	
7	2020년 앙골라의 평균 기대 수명(연)	61.3	
8	2017년 아르헨티나의 총수출액(달러)	$584.5억	
9	020년 선거에서 미치 맥코넬이 켄터키 상원 당선에 획득한 득표수	1,222,749	
10	2020년 전 세계 사과 순매출액(달러)	$2745.2억	

원칙
06

세상을 확률적으로 바라보라

도널드 트럼프가 미국의 대통령으로 선출되었던 때로 돌아가 보자. 사람들에게 왜 이 결과가 충격적이었는지 묻자 그들은 힐러리 클린턴이 확실히 선거에 이길 것이라 예상했고 그 근거로 자주 FiveThirtyEight.com을 언급했다. 이 웹 사이트는 네이트 실버가 설립했는데 정치적 선거부터 농구 우승 팀까지 무엇이든 예측하기로 유명하다.

FiveThirtyEight.com이 힐러리 클린턴이 도널드 트럼프를 이길 것이라고 예측한 것은 사실이다. 그러나 웹 사이트의 마지막 예측은 도널드 트럼프에 29퍼센트의 승률을 부여했다(선거 전날 밤에 발표). 이것은 높은 불확실성을 보여 주기 위해 사이트가 고려한 몇 가지 요인들에 근거를 두고 있었다. 그것은 선거인단 분포가 작용하는 방향, 많은 사람들이 선거 며칠 전까지 아직 지지 후보를 결정하지 못했다는 사실, 선거 몇 주 전에도 여론 조사가 매우 불안정하다는 사실 등이었다. 29퍼센트라는 트럼프의 승률은 힐러리 클린턴이 여전히 당선이 유력한 강력한 후보자라는 의미였지만 동시에 트럼프가 당선되더라도 사람들이 놀라지 않을 정도로 높은 확률이기도 했다.

하지만 선거 전에 FiveThirtyEight.com을 지켜보던 이들을 비롯해 많은 사람들이 결과에 충격받았다. 보스턴의 경제 컨설팅 회사에서 일하는 조나단 브록은 과거 리처드 교수의 조교였고 현재 하버드 케네디 스쿨에서 통계학을 가르치고 있음에도 불구하고 매우 놀라지 않을 수 없었다. “나는 그 결과에 충격을 받았습니다. 그렇지만 정식 통계학자라는 내 직업을 감안할 때 놀라서는 안 됐었죠. 29퍼센트의 발생 확률이 있는 사건에 대해 다시는 절대 무시하지 않을 겁니다.”

이 모든 것들에 감춰진 사실은 아무도 29퍼센트 확률의 실제 의미를 이해하거나 고심하려고 하지 않았다는 것이다. 수학적으로 당신이 100번의 선거를 통해 ‘실험’을 반복한다면 트럼프가 29번 이긴다고 예상할 수 있다. 물론, 선거는 한 번만 실시되므로 이 아이디어는 다소 추상적이다. 네이트 실버와 그의 팀은 선거 예측을 위해 컴퓨터를 이용해 수천 번의 선거 시뮬레이션을 실행해 보았다. 각 시뮬레이션마다 주어진 상황과 통계적 가정에서 각 후보가 승리할 확률을 근거로 서로 다른 결과가 나왔다. 예를 들어 1번 시뮬레이션에서 트럼프는 결정적인 경합 주인 미시간주와 위스콘신주를 포함한 34개 주에서 승리하는 반면에 2번 시뮬레이션에서는 31개주에서 승리하지만 미시간주나 위스콘신주는 포함되지 않는다. 이런 식으로 시뮬레이션은 계속된다. 시뮬레이션에서는 각 후보가 승리한 주들과 해당 주의 선거인단 수에 따라 승자가 결정된다.[30] 선거 바로 전날 밤에 1만 번의 시뮬레이션을 돌리고 나서 FiveThirtyEight 팀은 트럼프가 이 시뮬레이션 중에서 대략 2,900번 이기는 것을 관찰했고, 여기서 29퍼센트라는 수치가 나오게 되었다. 나의 예전 동료인 랜트 프리쳇은 "만일 29퍼센트의 비 올 확률이라면 나는 우산을 가져가겠어!"라고 그 당시 말했다.

선거 승리 확률 29퍼센트의 올바른 해석은 여론 조사에서 29퍼센트의 사람들이 트럼프에게 투표하겠다는 의미가 아님에 주의하라. 단지 29퍼센트의 표본 유권자들만 트럼프에게 투표한다면, 그가 선거에서 이길 확률은 0.001퍼센트보다도 훨씬 더 작아졌을 것이다. 여론 조사가 극도로 부정확하여 트럼프가 이길 확률을 10분의 1로 과소평가했다면 그 확률은 사실상 0에 가까웠을 것이다.

29퍼센트의 확률은 '주관적 확률'의 예이다. 이는 판단에 근거했다는 의미이고 무작위로 카드를 뽑을 때 스페이드 에이스가 아닌 에이스, 킹, 퀸, 또는 잭이 나올 확률을 계산하는 것처럼 똑같이 객관적인 방법으로 계산할 수 있는 것이 아니다.[31] 주관적 확률은 아주 범위가 넓은 실제 사건(예를 들어 내년 6월 30일에 석유 1배럴의 가격이 50달러 이상일 확률이 60퍼센트이다)을 평가할 때 사용할 수 있는 유일한 도구이다. 이것은 또한 사적인 일, 믿음, 일회성 행사에도 적용된다. 예를 들자면 당신이 내년에 직장에서 승진할 확률이 30퍼센트라고 말할 수 있다. 매우 불확실한 중대 상황에서 효과적인 결정을 하려면 주관적 확률을 활용한 예측이 필요하다.[32]

세상을 확률적으로 생각하는 데 관련된 확실한 세 가지 요소가 있다. 첫째는 이 주관적 확률이 실제로 무엇을 의미하는지 이해하는 것(우리가 살펴본 것처럼)이다. 둘째는 세상을 잘 이해하고 더 나은 결정을 하는 데 도움이 되도록 확률을 일상의 많은 일들(사건, 믿음 등)에 활용하는 것이며, 마지막은 관련된 새로운 정보가 생기면 이 확률을 적절하게 업데이트하는 것이다.

우리는 이미 첫 번째 요소를 살펴보았다. 그러면 그다음 두 가지를 차례대로 살펴보자.

세상을 확률적으로 바라보는 데 필요한 요소

확률 배정하기

우리가 세상의 불확실성을 인지하고 수용하려면 공적인 영역(예를 들면, 특정 후보가 선거에 이길 것이다, 특정 제약 회사가 성공적인 백신을 개발할 것이다, 미국 정부가 자국 수출품에 부과된 관세에 대해 중국에 보복할 것이다 등)과 사적인 영역(예를 들면, 다음 버스가 늦을 것이다, 샌프란시스코의 새로운 일자리를 좋아할 것이다 등)에서 사건의 확률을 예측할 필요가 있음을 알게 된다. 아래 내용과 다음 장에서 살펴보듯이 이런 확률을 예측하면 더 나은 결정을 하는 데 도움이 된다.

확률을 사건에 배정한다는 개념이 불가능하게 보일 것이다. 리처드의 많은 학생, 친구, 동료들은 똑같이 이는 불가능한 일이라고 주장했다. 하지만 이것을 염두에 두고 실천한 후에는 그가 전해 준 원칙들 중 가장 가치 있는 교훈이라고 생각하게 된다. 리처드는 주관적인 확률을 예측하는 것이 야구공을 치거나 장제법*을 배우는 일과 다르지 않다고 즐겨 말한다. 왜냐하면 누구나 연습을 통해 잘하게 되기 때문이다. 사실 리처드는 라울이 정확한 시간에 도착할 확률이나 리사가 영화를 좋아한다고 말할 확률을 예측하는 식으로, 공동 연구자들에게 모든 일상에서 꾸준히 연습해 보라고 독려한다.

리처드의 과거 학생이었고 현재는 와튼 부동산 센터의 연구 분석가인 에린 St. 피터는 리처드가 조교들을 점심 식사에 초대해 연구 아이디어를 의논했던 일을 회상한다. "우리들이 계산대로 다가갈 때 교수님이 자신의 신용 카드를 내게 주면서 물었습니다. '에린이 계산하려고 이 카드를 내밀었을 때 계산원이 카드에 적힌 이름을 물어볼 확률이 얼마나 된다고 생각하나요?' 세상은 우리 생각보다 더 불확실하기 때문에 정답은 0이 아니라는 것은 알고 있었죠. 나는 카드 소유자와 성별이 달랐기 때문에 확률은 남자일 때보다 높을 거라고 생각했습니다. 나는 2퍼센트 미만이라고 답한 것 같아요. 하지만 결국 우리는 아무런 질문을 받지 않고 통과했습니다. 이러한 경험을 통해 하루 동안의 모든 순간들에 호기심을 갖고 확률적으로 생각하기로 했습니다."

---

* 또는 세로 나눗셈. 산술에서 손으로 수행할 수 있을 만큼 간단한 여러 자리의 수를 나누는 데에 적합한 표준 나눗셈 알고리즘 — 옮긴이

에린의 계산원 사례에서 보여 주듯이 개인의 행동을 예측할 때 주관적 확률의 계산은 특히 어렵다. 대학생 시절부터 리처드를 알고 지낸 동료 교수인 죠 뉴하우스는 콘트랙트 브리지*에서 이 난제에 주목했는데 게임 중에 유능한 플레이어들은 최적의 행동 방침을 정하기 위해 계속해서 확률을 유추했다. "브리지 게임은 다른 플레이어들이 하거나 하지 않는 것으로부터 추론을 끌어내는 게임입니다. 리처드가 이 게임의 과거 전미 챔피언이라는 사실은 놀랍지 않죠."

변호사이자 리처드의 부동산 사모 펀드사 파트너인 빅터 파시는 수십 년간의 경험에서 깨달은 주관적 확률의 열렬한 지지자이다. 그는 부동산 거래에서 인수 절차는 확률적 사고를 필요로 한다고 주장한다. "우리의 전형적인 부동산 모델링은 수많은 향후 사건에 대한 가정을 포함합니다. 우리는 부분적으로 주관적 확률에 근거하여 이러한 가정을 수립하죠. 예를 들어 개발 회사에 투자해야 할지를 고심할 수 있습니다. 일단 우리가 투자를 결정하면 개발 회사의 프로젝트에서 지분권을 매입하는 새로운 기회가 생길지도 모릅니다. 우리가 최초로 투자를 결정할 때 이런 새로운 기회는 전례가 없기 때문에 매입과 가격 결정의 기

* 카드 게임의 일종 — 옮긴이

본 사례에 포함시키는 것은 부적절하죠. 그럼에도 불구하고 우리는 주관적 확률을 사용하여 이를 모델화하고, 기본 사례 투자의 선호도를 평가해서 가치에 대한 최종 결정을 고려합니다."

한편, 누가 선거에 이길지 또는 회사가 부동산 거래를 실행할 수 있을지 같은 사건들과는 달리, 확률 예측이 불가능할 거라 여겨지는 종류의 사건도 있다. 많은 국가 안보 관계자들은 이란이 2년 안에 핵무기를 가동할 수 있는지 또는 특정 국가 지도자가 지금부터 3년 후에도 권력을 유지할 수 있는지를 정량화하려는 노력이 가망 없는 일이라고 느낀다. 이에 대해 과거 리처드의 학생이었고 현재는 다트머스 대학의 교수인 제프 프리드먼은 확률적 추론이 국가 안보 의사 결정 과정에서 중대한 역할을 할 수 있다는 여섯 편의 연구 논문을 리처드와 함께 공동 저술했다. 그들의 분석은 안보 계통의 예측에서 주류를 이루는 '가능성 있는'이나 '매우 가능성 있는' 같은 표현에 반대하며 정량적 평가를 지지한다. 프리드먼은 매년 군 기관과 정보 기관에서 강연을 하는데 이에 대해 다음과 같이 밝혔다. "이러한 경험들은 언제나 보람 있지만 많은 실무진들이 분명히 유용한 사고방식에 대해 상당히 회의적인 시각을 가지고 있어 매우 놀랐습니다." 그는 리처드의 도움 덕분에 이러한 사고방식이 유용할 뿐 아니라 매우 즐거울 수 있음을 알게 되었다고 한다. "확률적으로 생각하는 법을 배우는 중요한 열쇠는 이 노력이 실질적으로 유용함을 이해하는 것뿐 아니라 이것이 매우 즐거울 수 있음을 깨닫는 것입니다. 그것이 리처드가 연구, 강의, 멘토링을 통해 이룬 중요한 공헌 중 하나입니다."

확률을 예측하는 것은 개인적 결정에도 큰 도움이 된다. 제니퍼 러너는 하버드 대학 심리학과와 케네디 스쿨 교수이며 리처드의 공저자이다. 그녀는 돈을 절약하기 위해서 남편과 함께 결혼식에 확률적 사고를 활용했다.

CASE STUDY

개인적 의사 결정을 위해 확률적으로 생각하기

제니퍼 러너 Jennifer Lerner 하버드 케네디 스쿨의 공공 정책학, 의사 결정학, 경영학 부문의 손튼 F. 브래드쇼 교수. 2018~2019년까지 해군의 첫 번째 수석 의사 결정 연구자로 국방부에 재임했다.

결혼 계획을 세우기 위해서 마사 스튜어트*의 웹 페이지에 가면(추천하지는 않는다), 그녀가 미사여구를 곁들여 "결혼 계획이 과학과

* 살림의 여왕이자 미국의 유명 사업가 — 옮긴이

똑같다면 정말 멋지지 않을까요?"라고 묻는다. 불행하게도 이 수사학적인 질문은 단지 예고편에 불과하다. 스튜어트의 웹 사이트에 따르면 "얼마나 많은 하객들이 결혼식에 참석할지 예측해야 할 때 하객 명단 중에 몇 퍼센트가 당신의 초대에 응할지 예상하기는 거의 불가능합니다."라고 밝히고 있다.[33]

남편인 브라이언과 나는 1998년 6월에 결혼식을 계획하고 있었는데 나의 어머니도 마사 스튜어트와 같은 생각을 가지고 계셨다. 초대받은 하객이 특별히 참석하지 못할 이유가 있다고 우리에게 알려오지 않는 한 명단의 모든 사람들은 참석할 것이고, 우리는 그에 맞게 준비해야 한다고 어머니는 생각하셨다.

그러나 남편과 나는 어머니와는 다른 생각을 가지고 있었기 때문에 마찰이 일어났다. 우리는 확률적으로 계획하길 원했다. 우리는 사람들이 얼마나 멀리 이동해야 하는지를 기준으로 평균 참석률을 조사했고, 그 확률을 우리의 참석 알고리즘에 대입하였다. 어머니는 너무나 놀라셨다. 어머니의 눈에 이것은 마치 사람들이 굳이 거절하지 않았는데도 누가 참석하지 않을지 미리 예측하는 냉정한 연습문제처럼 보였다. 그리고 그녀의 유대인과 이탈리아 가풍은 사람들에게 식사 대접하는 것을 귀하고 성스러운 행사로 여겼기 때문에, 초대한 사람 모두에게 충분한 식사는 말할 것도 없고 남을 정도의 음식을 장만하지 않는다는 발상은 말도 안 되는 것이었다.

이에 대해서 언쟁하는 대신에 남편과 나는 확률적 예측을 우리끼리만 알고 있기로 했다. (그 당시 나는 한 푼이라도 아껴야 하는 가난한 박사 과정 학생이었다.) 우리 두 사람과 출장 요리업체만 어떤 하객이 오지 않을지 알고 있었다. 나는 정말로 멋진 결혼식이었다고 지금도 이야기할 수 있어 기쁘다. 마지막에 몇몇 하객이 올 수 없었지만 우리는 결혼식 비용을 초과 지출하지 않았다.

주관적 확률을 예측하는 것이 직관이나 직감을 무시해야 한다는 의미가 아님에 유의하라. 실은 이를 통해 근본적으로 더 풍부한 시야를 갖고 주위의 불확실성을 인지하게 된다. 보스턴 대학의 교수이며 리처드의 공저자이자 오래된 테니스 파트너인 윌리엄 사무엘슨은 이 점을 다음과 같이 멋지게 표현했다. "나는 수년간 사적 또는 업무와 관련된 대화를 통해 사람들이 어떻게 중요한 결정을 했는지 물었습니다. 이러한 사례에서 보면 자주 언급되는 네다섯 개의 이유들이 있습니다. 흔히 그들은 '자신의 직감'이나 그렇지 않으면 '본인의 경험'에 따랐다고 말하죠. 그러면 나는 잭하우저의 고전적인 질문을 던집니다. '그러면 당신의 직감이나 경험에 따라 결정하면 그 선택에 만족할 확률이 얼마나 되나요?' 이렇게 물으면 보통 '무슨 뜻인가요?'라는 표정과 함께 확률의 예측과 결정에 대한 이야기가 시작됩니다."

확률적인 사고는 흔히 최적의 방향을 결정하기 위해서 두 가지 다른 사건의 확률을 비교하는 것이다. 리처드의 과거 학생이자 공저자인 마리알린 카틸롱의 다음 이야기는 이 개념을 잘 설명하고 있다. "나는 가족들과 함께 국립 공원에 갔는데 자동차는 들어갈 수 없었어요. 그래서 버스로 돌아다니면서 종종 내려서 하이킹과 피크닉 등을 했습니다. 일행을 태운 버스가 정차했을 때 우리는 피크닉을 갔죠. 그런데 멀리서 한 무리의 곰들이 다가오는 것을 보고 버스 정류장으로 향했습니다. 버스가 마침내 도착했을 때, 열 명의 사람들이 기다리고 있었죠. 버스에는 단지 여섯 개의 좌석만 남아 있었는데 우리는 마지막 네 명이었어요. 버스 운전기사가 '죄송하지만 모두에게 충분할 만큼 안전벨트가 남아 있지 않네요.'라고 말했습니다. 여러분은 우리가 버스 사고로 죽을 확률이 얼마나 된다고 생각하나요? 그리고 우리가 곰에게 희생될 확률은 얼마라고 생각하나요?" 마리알린은 다음과 같이 덧붙였다. "리처드는 때때로 버스 운전기사처럼 생각하는 동료들이나 규칙을 만드는 사람들에게 이의를 제기합니다. 이 경험을 통해서 나는 서로 상충되는 위험을 가진 문제에 직면했을 때 어떤 것이 곰이고 어떤 것이 버스인지 자주 생각해봅니다."

확률을 업데이트하기

확률적 사고의 세 번째 주요소는 확률을 새로운 정보에 맞도록 제대로 업데이트하는 것이다. 새로운 정보를 확률 예측 업데이트에 사용하는 과정을 베이즈 업데이트라고 하며, 일상의 많은 일들에 매우 유용하게 쓰인다.[34] 아래 그림을 참고하라.

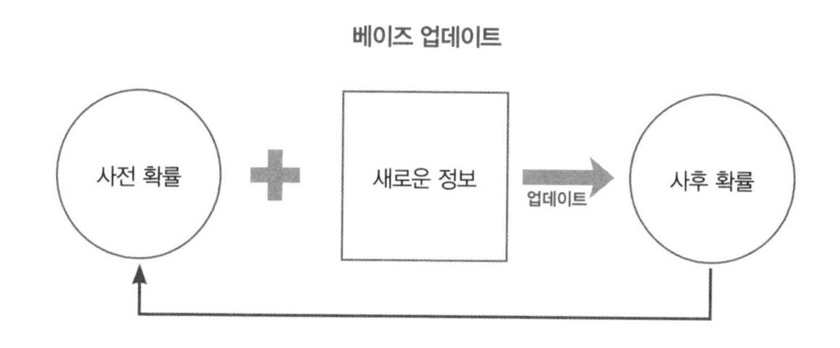

오늘 밤 당신이 제일 좋아하는 프로 농구 팀이 최대의 라이벌과 경기를 한다고 가정해 보자. 당신은 지금까지 각 팀의 이번 시즌 기록과 몇몇 스포츠 웹 사이트에 근거해서 오늘 밤 응원하는 팀이 이길 확률을 40퍼센트라고 예측했다. 의사 결정 이론가들은 이를 '사전 확률' 또는 단순하게 '사전'이라고 부른다. 당신은 경기 두 시간 전에 상대 팀의 스타플레이어가 그날 끔찍한 사고로 부상을 당했고, 오늘 밤 경기에 출전할 수 없다는 사실을 알게 되었다. 그가 경기에 출전할 때 상대 팀이 훨씬 더 자주 이기기 때문에 처음의 확률을 55퍼센트로 수정했다. 의사 결정 이론가들은 이것을 '사후 확률'이라고 부른다. 추가적인 새로운 정보에 맞게 다시 업데이트한다면 이 역시 사전 확률이 된다.

경기가 시작되고 전반전이 끝났을 때 6점 차로 이기고 있다. 아마 이제 당신은 승리의 주관적 확률을 65퍼센트로 업데이트할지 모른다. 어쩌면 상대 팀이 몇 번 더 득점하고 당신의 주관적 확률은 55퍼센트로 떨어졌을 수도 있다. 경기가 진행되면서 당신의 예측은 어떤 일이 생기는가(또는 일반적으로 당신이 획득한 정보)에 따라 달라진다. 만약 30초밖에 남지 않았다면 당신의 팀이 2점 차로 앞서고 상대 팀이 공을 가지고 있더라도 당신의 승리 예측은 80퍼센트까지 치솟을지 모른다. 만약에 이것이 너무 이론적이라고 느낀다면 정확히 이런 식으로 예측하는 espn.com 같은 웹 사이트를 확인해 볼 수 있다. (espn.com에서는 경기 진행 상황에 따라 각 팀의 승률을 보여 준다.)

어떤 정보는 다른 것보다 더 중요하다. 2016년 미국 대선을 다시 떠올려 선거일 밤 뉴스를 시청하는 자신을 그려 보라. 트럼프가 선거에 이길 확률이 29퍼센트라고 생각하며 그날 하루를 시작했다고 해 보자(FiveThirtyEight가 예측한 것처럼). 그리고 개표 결과가 나오고 있다. 곧 경합 주로 잘 알려진 플로리다가 트럼프에게 넘어갔음을 공식적으로 알린다. 그 순간 당신은 트럼프가 선거에서 승리할 확률을 29퍼센트보다 훨씬 더 높게 수정해야 한다. 플로리다의 29명 선거인단(승리를 위해 필요한 270명 중)이 이제 트럼프의 수중에 있을 뿐만 아니라 이 플로리다 승리로 그가 유사한 다른 경합 주들에서 승리할 확률이 더 높아졌기 때문이다. 이 한 가지 정보가 트럼프가 승리할 확률에 대한 당신의 예측을 40퍼센트까지 끌어올릴 수도 있다.[35] 반대로 트럼프가 뉴욕에서 패했다는 사실을 알게 되었다고 가정해 보자. 뉴욕에서의 투표는 민주당에 쏠리기 때문에 당신은 트럼프가 그곳에서 승리할 가능성이 있다고 절대 생각하지 않았을 것이다. 그곳에서 트럼프의 패배는 다른 주에서 그의 승리 예측에 아무런 정보를 주지 못한다. 이 두 가지 결과(플로리다와 뉴욕)는 축하 음악을 배경으로 큰 '속보' 자막과 함께 CNN을 통해 전해질지도 모른다. 그렇지만 트럼프의 승리 확률 예측을 업데이트하는 데 도움이 되는지 고려해 볼 때 플로리다의 결과는 매우 유용한 정보를 주지만, 뉴욕의 결과는 거의 아무것도 알려 주지 않는다.[36]

코로나 19 초창기에 우리는 사전 확률을 제대로 업데이트하려면 새로운 정보의 면밀한 평가가 도움이 된다는 유익한 교훈을 얻었다. 당신은 때때로 새로운 정보가 다소 부정확하거나 그것을 평가하는 데 필요한 전문성이 부족하다고 느낄 수도 있다.

하지만 당신이 결정해야 하고 더 이상의 정보를 얻을 수 없다면 여전히 사전에 가진 믿음을 어떻게 확실히 바꿀지 결정해야만 한다. 리처드의 공저자이자 독일 하이델베르크 대학의 행동 재무학 교수인 스테판 트라우트만이 이를 잘 설명해 주고 있다.

CASE STUDY

코로나 19 초기의 주관적 확률 업데이트

스테판 트라우트만 Stefan Trautmann 독일 하이델베르크 대학의 행동 재무학 교수. 불확실성하의 재무 의사 결정, 사회적 선호와 윤리, 경제적 결정의 심리학 등이 연구 관심사이다. 행동 의사 결정에 관한 연구 논문을 출판하는 다수 학회지의 부편집장이기도 하다.

2020년 1월 중순 한 중국인 동료가 내가 일 년 전 방문했던 우한이란 도시에 새로운 바이러스가 발생했다고 이야기했다. 그리고 얼마 지나지 않아 독일 뉴스에서도 이 바이러스 이야기는 주목을 받았고, 중국 정부는 곧 1000만 명 이상의 더 많은 사람들을 격리시켰다. 멀리 떨어진 나라의 거의 들어보지 못한 어느 도시에서 발생한 바이러스에 대해 독일인들은 어떻게 생각할까? 어떤 바이러스 학자들은 매체를 통해 신종 바이러스가 특별히 위험하지 않으며 그 당시 유행하던 독감이 더 치명적일지도 모른다고 밝혔다.

바이러스 학자나 전염병 학자, 또는 의학 전문가가 아닌 이상, 바이러스 출현으로 야기되는 공중 보건과 경제 위기에 대해 우리가 고민할 기회는 별로 없다. 하지만 리처드는 위험 예측에 대한 실마리가 거의 없는 경우라면 정보를 가진 사람들의 입장에서 생각해 봐야 한다고 제안한다. 중국 정부 관계자들의 위험 감수 성향이나 공중 보건에 대한 접근 또는 일반적인 중국 정치에 대해 당신이 아무것도 모르더라도, 어떤 정부가 주요 산업 시설을 엄격하게 완전히 통제하고, 수백만의 사람들에게 통행금지를 실시한다면 그들이 높은 위험성이란 정보를 가지고 있음이 틀림없다. 코로나 19가 발생했을 때 각 정부가 잭하우저의 사고의 법칙을 잘 활용했다면 전염병 대처에 큰 도움이 되었을 것이다.

스테판은 각국 정부가 중국 같은 독립 체제가 내린 중대한 결정에서 숨겨진 의미를 유추해 내야 했다고 충고했다. 그렇게 함으로써 의사 결정의 더 일반적인 원칙을 실천할 수 있다. 확률적 믿음을 업데이트할 때는 다른 결정에서 나온 정보처럼 모든 습득 가능한 관련 정보를 활용하는 것이 중요하다.[37]

때때로 특정 확률의 예측을 다른 사람들에게 요청하면 자신의 예측을 개선하거나 타인의 관점에서 유익한 정보를 얻는 데 도움이 될 수 있다. 친구나 딸이 자신이 꿈꾸던 대학에 합격했을 때 어떤 느낌인지 알고 싶다고 가정해 보자. 만약 당신이 "합격할 거라고 생각했어?"라고 묻는다면 네 또는 아니오란 답(또는 "잘 모르겠어요")만 얻을 것이다. 그렇지만 당신이 그렇게 묻는 대신 "입학하게 될 확률이 얼마라고 생각했어?"라고 한다면 더 많은 정보를 얻고 풍부한 대화를 할 수 있을 것이다. 노트르담 대학 경제 이론 교수이자 리처드의 공저자 중 한 명이며 과거 하버드 케네디 스쿨 동료였던 마시에 코토우스키가 이 개념을 잘 설명하고 있다.

CASE STUDY

확률에 대해 묻고 정보 얻기

마시에 코토우스키 Maciej Kotowski 경매, 시장과 체제 설계, 유사 시장 연구를 전문으로 하는 경제학자이자 노트르담 대학의 경제학 부교수.

내 연구실에는 걸터앉기 좋은 형형색색의 보조 의자, 레고 블록을 담아 놓은 통, 특이한 비율의 벽시계 등 재미있는 물건들이 많이 있다. 그렇지만 대부분의 방문객들은 화이트보드에 클립으로 끼워진 1달러짜리 지폐 세 장에 눈길을 준다. 이 지폐들은 내 것이 아니다. 더 정확히 말하자면 그것들은 한때 내 것이었으나 이제는 리처드의 것인데, 그는 기회가 여러 번 있었어도 가져가지 않았다.

이 지폐에 얽힌 이야기는 단순하지만 주관적 확률을 사용하는 것이 얼마나 유용한지 보여 준다.

내 대부분의 연구는 불확실한 답을 가진 문제들을 추적하는 일과 관련이 있다. 때로는 운이 좋아서 해당 문제를 정확한 추측 또는 진실이나 거짓인지 모를 정식 명제로 다듬어 낼 수 있다. 그렇지만 그 다음에는 어떻게 할 것인가? 수일 또는 수 주 동안 틀린 추측을 증명하는 일은 시간을 제대로 활용하는 방법이 아니다. 마찬가지로 존재하지 않는 반증의 예를 찾으려는 시도도 시간을 허비하는 것이다. 자연스러운 행동 방침은 연구자들이 어떤 길이 옳은지에 대해 자신의 '직감'을 따르는 것이다. 즉 연구자는 문제에 대한 이해를 바탕으로 신속한 해결책이 될 방법을 고려한다.

일반적으로 주관적 확률은 직감에서 나온다. 그리고 그보다 다소 발전된 방법이 전문가에게 의견을 구하는 것이다. 전문가에게 "이 명제가 진실인가요?"라고 물으면 "네" 또는 "아니요"란 답만 할 것이다. 전문가 의견에 대한 정보는 작은 내기를 통해서 조금 더 모을 수 있다. 명제가 진실이라는 데 전문가는 1달러를 걸까? 어쩌면 2대 1 또는 3대 1의 확률로? 이런 내기는 내기 금액을 합해도 얼마 안 되기 때문에 돈을 따려는 목적이 아니다. 대신에 이것은 세밀하게 문제를 평가할 수 있는 더 많은 정보에 대한 작은 대가로, 어떤 방향을 택해야 할지 결정하는 데 도움을 준다.

3달러는 리처드의 직감에 내가 치른 대가다. 그는 몇 번의 내기에 이겼고 나는 몇 개의 명제를 증명했다.

전문적인 분야에서 다른 일련의 행위들이 성공으로 이어질 확률을 예측하고 이 확률들을 업데이트하려는 의지는 효과적인 의사 결정에 필수적이다. 이는 당신이 투자를 결정하고 동업자를 선택하며 어떤 프로젝트를 추진할지 정하는 데 도움이 될 수 있다. 또한 페이스 북의 연구 과학자이며 리처드의 공저자인 닐스 워너펠트의 일화처럼 어떤 프로젝트를 포기할지 결정하는 데도 도움을 줄 수 있다.

CASE STUDY

어떤 프로젝트를 유지해야 할지에 대한 확률의 예측

닐스 워너펠트Nils Wernerfelt 페이스 북의 연구 과학자. MIT에서 경제학으로 박사 학위를, 하버드 대학에서 수학으로 학사 학위를 받았다.

몇 년 전에 젊은 연구자가 리처드를 찾아와 여러 가지 유망한 초기 프로젝트에 대한 피드백을 요청했던 적이 있다. 리처드의 피드백에 따라서 연구자는 몇 가지 프로젝트를 폐기하기로 단호히 결정했는데, 그가 바로 《괴짜 경제학》의 스티븐 레빗이다. 리처드가 손을 번쩍 들어 "나는 그때 스티븐 레빗이 성공할 줄 알았어!"라고 말하던 모습이 내 마음속에 언제나 깊이 새겨져 있다.[38]
리처드의 이 말은 언제 프로젝트를 폐기할지 아는 것이 중요하다는 의미이다.[39] 시간과 에너지는 유한한 자원이기 때문에 단지 경제학 연구 논문만이 아니라 어떤 프로젝트를 제대로 진행하려면, 우리는 계속 확률적으로 생각하고 기대치를 업데이트해야만 한다. 이것은 어렵지만 필수적인 기술이다.

내가 언제나 기억하는 또 다른 이야기의 핵심은 고급 정보의 원천을 아는 것이 얼마나 중요한가이다(예를 들어 프로젝트가 성공할 것이라는 가능성에 대한 정보). 레빗이 자신의 예측을 업데이트하고 프로젝트를 폐기하기 위해서는 처음에 그런 정보를 얻기 위해 어디로 가야 할지 알아야만 했다. 이것 역시 필수적인 기술이다. 리처드는 우리 모두에게 광범위한 주요 주제들에 관해 전문적인 정보의 원천이었다(연구 주제, 경력 선택, 케임브리지의 태국 음식점 등). 나는 이 책의 독자들이 그의 원칙들을 마음속에 새기는 것뿐 아니라 그들 주변에 누가 리처드 잭하우저 같은 사람인지 찾아보기를 간절히 부탁한다. 개인적인 경험에서 말하자면 그런 사람을 찾는 것이 인생에서 가장 중요한 순간 중 하나이다.

대부분의 경우 의사 결정자는 얼마의 비용에 어떤 정보를 수집할지 그리고 정보 수집을 언제 멈추고 실행에 옮길지 결정해야 한다. 여러 대학에 합격한 학생을 생각해 보자. 그녀는 각 대학에 재학 중인 모교 졸업생 세 명에게 전화할 수도 있고, 아니면 각 대학에 직접 방문할 수도 있다. 결정의 중요성은 정보 수

집에 소요되는 비용에 영향을 미친다. 그녀는 인생의 4년을 자신이 선택한 대학에서 보내야 하므로, 더 나은 정보를 얻기 위해서라면 기꺼이 비용을 들여서 각 학교를 방문할 수 있다.[40] 이 상황을 그녀가 여름 방학 인턴십을 어디서 할지 결정해야 하는 일과 비교해 보자. 이것이 그녀에게 그다지 중요하지 않은 결정이라면, 그녀는 고려 중인 인턴십 장소에 직접 가 보려 하지 않을 것이다.

확률적으로 생각하는 것은 힘든 일이다. 펜실베이니아 대학 와튼 스쿨의 와튼 위기관리 및 의사 결정 센터의 공동 소장이자 명예 교수인 하워드 쿤로이더는 이렇게 말한다. "나는 사람들이 확률 이론을 이해할지라도 이 개념을 어떻게 의사 결정에 적용하는지 배우는 것은 어렵다고 생각합니다. 특히 자연재해 같은 극단적인 사건에 대처할 때 미래의 손실에 대해 자신들을 어떻게 보호할지 확률적으로 생각하는 사람은 거의 없습니다."

확률적 사고의 세 단계 과정

결국 확률적으로 생각하는 것은 세상이 매우 불확실한 곳이라고 정확하게 파악하는 데서 시작한다. 이런 관점에서 논리적인 해결책이란 일어날 수 있는 다양한 일들에 확률을 정하고 새로운 정보가 생길 때마다 그 확률을 업데이트하는 것이다. 이렇게 업데이트된 확률들이 더 나은 결정을 하는 데 활용된다. 리처드의 과거 제자이자 테크놀로지 기업가인 크리스 로버트는 이런 접근법을 다음과 같이 멋지게 요약해 두었다.

CASE STUDY

확률적으로 생각하기

크리스 로버트 Chris Robert 기술 전문가, 기업가, 경제학자, 연구자, 강사. 도빌리티사를 설립해 연구자들과 분석 전문가들이 전 세계적으로 사용하는 전자 데이터 수집 플랫폼인 서베이CTO를 개발했다. 하버드 케네디 스쿨에서 통계학과 정책 분석학을 강의했다.

나는 리처드의 강의를 듣고 난 후 세상에 대해 다른 관점을 갖게 되었다. 그것은 근본적으로 더 정확하고 강력했다. 핵심 아이디어는 세상을 확률적으로 바라보는 것이었다. 영화 〈매트릭스〉에서 모피우스가 네오를 도와주었던 것처럼 리처드는 일어나는 모든 일 뒤에 불확실성과 확률이 존재한다는 현실을 내가 더 깊이 볼 수 있도록 도와주었다. 어느 누구도 결과를 완전히 통제할 수 없다. 자신의 생각이나 행동조차도 통제가 불가능하다! 그렇지만 우리는 최대한 확률에 영향을 주기 위해 행동한다. 철학적 의미에서 내가 세상을 결정론*적으로 볼지도 모르지만, 실제로 나는 박식한 것과는 거리가 멀고 모든 것을 완벽하게 아는 것은 더더욱 아니다. 모든 것들이 사실상 불확실하고 나의 생각, 바람, 행동이 확률에 영향을 미쳐 간접적으로 세상에 영향을 줄 수 있다는 사실을 받아들인다. 이를 인정함으로써 내면의 평화와 세상에 대한 더 큰 깨달음을 얻었다.

결과를 통제하기 위해 내가 무엇을 할 수 있을까? 이것은 잘못된 질문이다. 확률을 바꾸기 위해 내가 무엇을 할 수 있을까? 자, 이것이 생산적이고 내 삶과 일에서 도전해 볼 수 있는 질문이다.

---

* 넓은 의미로 사물 및 현상이 모두 객관적인 연관성을 지닌 채 서로 조건 짓고 있다는 학설—옮긴이

원칙 07

불확실성은 현재 상황과 밀접하다

만약 당신이 더 나은 선택이 있을 것이라고 의심하면서도 똑같은 신용 카드, 은행 계좌, 헬스클럽, 자동차, 치약을 오랫동안 사용했다면 이것은 당신의 '현상 유지 편향'을 보여 준다. 현상 유지 편향은 리처드의 학술 논문 중에 가장 많이 인용된 1988년 연구 논문에서 그와 공저자인 윌리엄 사무엘슨이 함께 만들어 낸 용어이다.[41] 논문에 따르면 연구자들은 일련의 놀라운 의사 결정 실험을 기록했는데, 쉽게 접근할 수 있는 대안이 더 나을 때조차 사람들은 그냥 아무것도 하지 않거나 현재나 이전의 결정을 고수한다는 사실을 보여 준다.

현상 유지 편향은 그 당시 경제학의 주요 가설에 도전장을 내

믿었다. 그것은 인간은 이성적인 의사 결정자로서 지속적으로 자신의 만족을 극대화할 수 있는 선택 사항 중에서 객관적인 결정을 내린다는 것이다. 이 연구 논문에서 리처드와 윌리엄 사무엘슨은 편향에 대해 설득력 있는 다양한 이유를 찾으려 했다.

합리적 의사 결정과 모순되지 않는 현상 유지 편향에 대한 한 가지 가능한 설명(저자들은 유일하거나 심지어 주요한 설명이 아니라고 주장함)은 우리가 결정을 위해 고려하는 선택의 가치가 불확실할 때 처음의 또는 이전의 선택을 고수하는 경향이 있다는 것이다. 어떤 상표의 치약을 사용할지에 관한 사소한 선택을 고려해 보라. 우리들 대부분은 부모님이나 배우자가 사용했거나, 가장 저렴한 제품이거나, 그 맛을 좋아했거나, 치과 의사가 추천했거나, 또는 다른 이유로 처음에 어떤 제품을 선호했다. 그러다가 좋아 보이는 다른 제품을 발견했어도, 그것이 확실히 좋은 건지는 아직 모른다. 우리가 선택한 원래 제품이 충분히 좋고 바꿔야 할 이유가 없는 한, 처음의 선택을 유지하는 것이 합리적이다. '사소한 것에 힘을 빼지 말라'는 말이 현상 유지 편향에 대한 한 가지 설명을 제공한다.

다른 대안이 현재 상황보다 훨씬 더 낫고 이를 평가하는 데 많은 비용이 들지 않더라도 불확실성은 흔히 현재 상황과 밀접한 관련이 있다. 이런 적나라한 예는 코로나 19 전염병 유행 초기에 발생했다. 병원에 도착하는 사람들이 죽어 가자 생명을 구하기 위해서 의사들은 그 당시 효과가 입증되지 않은 치료를 시도하였다. 그중 어떤 치료 방법이 생명을 구할 수 있을지에 대해 상당한 불확실성이 존재했다.

치료법의 효과를 결정하는 최적의 기준은 의료계에서 임상시험이라 불리는 무작위 대조 시험을 실행하는 것이다. 무작위 대조 시험에서는 무작위로 환자를 처치 집단과 위약 처리 집단으로 나눈다. 무작위 대조 시험의 옹호자들은 입증되지 않은 치료법을 사용해서는 안 되고 시험이 끝날 때까지 기다려야 한다고 주장했다. 이것은 불확실성이란 이름으로 현 상황을 고수하려는 사례를 보여 준다.

오랜 시간 무작위 대조 시험을 시행하는 동안 수천 명의 환자가 죽어 간다. 과거 프랑스에서 병원장이었고 최근 리처드의 박사 과정 학생이었던 마리알린 카틸롱은 현재 상황이 좋지 않음을 인지하고 리처드와 함께 관련 연구 논문을 썼다. 그들은 무작위 대조 시험이 확실한 답을 찾는 적합한 방법이지만 시간이 매우 오래 걸린다는 단점이 있다고 주장했다.[42] 무작위 대조 시험의 결과가 나오기를 기다리는 동안 과학자들은 치료법을 알아내기 위해서 조금 불안하지만 더 신속하고 수준 높은 관찰 연구를 수행해야 한다고 그들은 밝혔다.[43] 특히 많은 환자들이 치료를 받고 있는 상황에서는 이 연구를 수행하는 데 필요한 데이터가 매우 빠르게 축적되었다. 요컨대, 우리가 의학적 결정을 내릴 때 불확실성 때문에 현재 상황을 고수할 수도 있음을 깨닫는 것이 중요하다. 현재 상황이 만족스러운 선택이 아닐 경우 우리는 이런 경향에 더 민감해져야 한다.

현상 유지 편향에 대한 인식과 불확실성 앞에서 나타나는 경향은 개인적이고 전문적인 결정을 내리는 데 도움이 될 수 있다. 리처드의 공저자이자 하버드 케네디 스쿨에서 과거 동료였던 제이옌두 파텔은 다음과 같이 밝혔다. "리처드는 윌리엄 사무엘슨과 함께 불확실성에 대한 두려움으로 나타나는 현상 유지 편향을 이해하는 데 놀라운 기여를 했습니다. 나는 언제 직업 또는 경력을 바꿀지 그리고 언제 힘든 결혼 생활에서 벗어날지에 관해 현상 유지 편향의 영향으로 잘못된 결정을 내리는 사례를 봐 왔습니다. 1990년 초 케네디 스쿨 동료들과의 점심 식사에서 지금은 고인이 된 딕 노이슈타트가 '10년마다 당신의 경력을 바꾸세요'라고 말했는데 나는 이것을 현상 유지 편향의 유혹을 이겨 내는 지혜라고 생각했습니다."[44]

흥미롭게도 결정을 내려야 하는 사람에게 유리한 기본 선택 사항을 부여함으로써 사람들이 더 나은 선택을 하도록 돕는 데 현상 유지 편향을 이용할 수 있다. 행동 경제학 분야에는 일반적으로 선택 구조에서 사람들을 좋은 선택 쪽으로 '살짝 밀기' 위해 기본 설정을 활용하는 사례가 많이 있다. 예를 들어 사람들이 자동적으로 은퇴 계획에 등록하고 장기를 기증하며 지속 가능한 자원에서 생산되는 '녹색' 에너지를 구입하도록 하기 위해 기본 설정을 활용해 왔다.[45] 펜실베이니아 대학의 명예 교수인 하워드 콘로이더는 본인의 연구 분야에서 현상 유지 편향의 영향을 인식하고 있었다. "기본 설정의 사용은 선택 구조에서 주요한 원칙이고 사무엘슨과 잭하우저의 연구 논문에서 시작된 많은 실증적 연구로 이어졌습니다."

리처드는 행동 경제학을 신뢰하여 이 분야에 지대한 공헌을 했는데 의사 결정 분석에 대해 사람들이 교육을 받으면 용인된 많은 편견들에 맞서 싸울 수 있고, 올바른 선택을 유도하는 환경을 조성하기 위해 선택 구조를 활용하는 것보다 장기적으로 훨씬 효과적이라고 믿는다. 그의 표현대로 "사람들이 올바른 결정을 하도록 유도하는 것보다 결정하는 법을 알려 주는 것이 더 낫다."

말할 필요도 없이 현상 유지 편향은 사람들이 나쁜 결정을 하도록 만드는 데 사용될 수도 있다. 당신이 독서 또는 헬스클럽에 가거나 가족과 시간을 보내려고 했는데 소파에서 일어나 리모컨을 누를 필요도 없이 넷플릭스에서 자동으로 다음 회차가 재생된다면 어떨까? 아무 생각 없이 시리즈를 밤새 계속 시청한 적이 있지 않은가? 만약 이런 적이 있다면 당신은 넷플릭스의 영리한 계산으로 만들어진 현상 유지 편향의 희생양이 되었던 것이다.

리처드의 과거 제자이자 공저자이기도 한 거놋 와그너는 어떤 행동을 삼가는 것이 현상 유지 편향 때문인지 평가할 때 주의 깊게 판단할 필요가 있음에 주목했다. 일반적으로 인간의 행동을 설명하는 원칙들이 어떤 상황에서는 적용되지만 다른 상황에서는 아닐 수 있다. "현상 유지 편향은 전형적인 예입니다. 즉 당신은 실천에 옮기지 않고 위험을 감수하고 무시하죠. 그렇지만 우리는 '행동 편향'도 보게 됩니다. 흔히 정치 지도자들은 가만히 있는 것이 바람직한 선택일 때에도 무언가 하는 것처럼 보이고 싶어 행동으로 옮깁니다."[46]

가끔은 정부도 유권자의 바람을 반영해서 현상 유지 편향을 선택한다. 리처드의 공저자 중 한 명인 마리잔 루이스트로 존슨은 세계 각국의 코로나 19에 대한 제각각의 대응에 주목했다. 대부분의 선진국들은 거대한 불확실성에 직면하여 "통행금지와 같은 강력한 조치와 급격한 변화를 시행했습니다. 내가 사는 스웨덴의 접근 방식은 정보를 전파함으로써 사람들을 이해시키고 그들 자신의 결정에 책임을 지도록 하는 것이었죠." 2020년 한

해 동안 스웨덴은 북유럽 이웃 국가들보다는 못했지만 유럽 전체보다 사망자가 적었고, 더 나은 경제 실적을 올렸다. 다음 장에 소개되는 원칙은 스웨덴의 현명한 접근 방식을 가늠해 보는 데 도움을 줄 것이다.

MAXIMS FOR THINKING ANALYTICALLY

3장
의사 결정하기

앞 장에서는 불확실성을 이해하는 데 도움이 되는 지침을 살펴보았다. 결과가 불확실할 때나 특히 위험이 클 때 효과적으로 선택하기는 힘들다. 이럴 때 많은 사람들이 곧바로 행동으로 옮겨 간다. 또 다른 분류의 사람들은 얼어붙은 채 아무 선택도 하지 않는데, 이는 그 자체로 나쁜 선택이다. 이번 장에서는 불확실성이 매우 큰 상황에서 중요한 결정을 내릴 때 당신이 올바른 선택을 할 수 있도록 도울 수 있는 원칙들을 제시한다. 이 원칙들을 통해 중대한 결정에 확실성만 필요한 것은 아니라는 사실을 깨닫게 될 것이다. 역설적이지만 이것을 알게 되면 앞으로 나아갈 자신감을 갖게 된다. 당신이 더 효과적인 결정을 할 수 있게 해 줄 다음의 내용을 살펴보자.

원칙

08

좋은 결정도 가끔 나쁜 결과를 초래한다

만약 당신에게 지난해 가장 잘한 결정이 무엇인지 묻는다면 뭐라고 대답할 것인가? 세계 포커 챔피언이자 심리학자이며 확률적 사고 및 의사 결정에 관한 멋진 두 권의 책을 쓴 애니 듀크는 수백 명의 사람들에게 이렇게 물었다. 대다수의 사람들이 가장 잘한 결정은 좋은 결과를 가져온 결정이라고 대답했다. 이는 많은 사람들이 결정의 질(그 당시 가지고 있던 정보로 결정을 내리는 과정이 어떠했는가?)을 결과의 질(결정을 내린 후에 결과가 어떠했는가?)과 혼동하고 있음을 보여 준다. 결정의 질을 결과의 질과 혼동하는 것은 너무나 흔한 일이라 포커 선수들은 이를 지칭하는 용어를 가지고 있는데 이름하여 귀착이다.[47]

하버드 케네디 스쿨의 통계학 시간에는 학생들이 결정의 질을 결과의 질과 구별할 수 있게 간단한 표(아래 참조)를 자주 활용하곤 한다.[48] 이 원칙은 특정한 경우의 귀착을 설명해 주고 '당신은 운이 없었다' 칸에 걸릴 수 있음을 경고한다.

결정의 질과 결과의 질

		결과의 질	
		좋음	나쁨
결정의 질	좋음	결정을 잘하고 결과도 좋다	운이 없었다
	나쁨	운이 좋았다	결정을 잘못했고 결과도 안 좋다

애니 듀크가 생각한 다음의 사례를 고려해 보자. 여자 친구나 룸메이트와 함께 차를 운전해서 술집에 간다고 상상해 보자. 모두 다 즐거운 시간을 보냈는데 상대방은 무알콜 셜리 템플스를 마시고 당신은 술을 약간 많이 마셨다. 집에 갈 시간이 되어 상대방에게 집까지 차로 데려다 달라고 부탁한다. 집으로 돌아가는 길에 다른 음주 운전자가 뒤에서 부딪힌다. 당신과 일행은 모두 무사하지만 자동차는 큰 수리가 필요할 것 같다.

상대방에게 집까지 데려다 달라고 부탁한 것은 좋은 결정이었다. 일행이 아니라 당신이 운전한다면 사고의 위험이 더 크다고 당시 가지고 있던 정보로 합리적으로 판단했다. 그러나 결과는 좋지 못했다. 이것은 나쁜 결과로 이어진 좋은 결정이었다.

원칙은 매우 폭넓은 상황들에 적용된다. 예를 들어 새 아이폰을 구매했다고 상상해 보라. 당신은 사고로 인한 파손에 대비해 보험 가입 여부를 결정해야 했다. 이때 당신은 자신이 휴대폰을 매우 조심해서 사용하는 사람이고, 휴대폰에 손상이 가거나 분실할 가능성을 고려해 볼 때 보험료가 너무 비싸다고 판단했다. 그런데 3개월 후에 당신은 식료품점에서 휴대폰을 떨어뜨려 망가뜨리고 말았다.

당신이 대부분의 사람들과 같다면 처음 드는 생각은 보험 가입 결정에 대한 후회이다. 설상가상으로 보험을 들지 않은 것이 잘못된 결정이었다면서 당신 자신을 비난할지도 모른다.[49] 그렇지만 나쁜 결과가 있었다는 사실이 당신의 결정이 나쁘다는 의미는 아니다. 당신은 물건을 거의 떨어뜨리지 않기 때문에 핸드폰 파손은 뜻밖의 사고였다. 우리는 이 원칙을 통해 추후에 알게 된 사실이 아니라 그 당시 결정할 때 알고 있던 사실로 결정의 질을 판단해야 함을 다시 한번 깨닫는다.

더 중대한 결정을 가정해 보자. 당신은 샌프란시스코 또는 로스앤젤레스에 있는 직장 중에 선택해야 한다. 각 도시에서 동료들과 어울리며 삶을 얼마나 즐겁게 보낼지 짐작은 되지만 확신은 없다. 최대한 관련 정보를 얻을 수는 있겠지만 궁극적으로 어떤 일이 일어날지 알 수 없다. 만약 샌프란시스코로 가기로 결정했다가 좋아하지 않게 되어도 이것이 반드시 잘못된 결정을 의미하지는 않는다.

리처드의 과거 제자였던 조시 야들리는 리처드의 강의에서 이 원칙을 배우고 결정을 평가하는 방식이 어떻게 바뀌었는지 회상했다. "리처드의 강의를 듣기 전에는 결정의 질에 대한 나의 평가는 어쩔 수 없이 그 결정의 결과와 밀접하게 연관되어 있었습니다. 이것은 쉽게 학습한 결과이죠. 만약 그것이 잘 진행되었다면 좋은 결정이었을 것입니다. 만약 그렇지 않았다면 나쁜 결정이었을 것입니다. 하지만 이 원칙은 '너무 서두르지 말라'고 충고합니다. 항상 결과로 그 결정을 평가하려는 유혹이 있을 때마다 나는 천천히 생각하려고 합니다. 결과를 알기 전에 그 결정을 이끌어 낸 과정을 어떻게 평가할 수 있을까요? 그리고 이제 결과를 알 수 있다면 평가를 어떻게 업데이트할 수 있을까요? 첫 번째 질문인 과정이 어떠했는가를 고려하면 제일 좋아하는 스포츠 팀과 선출직 공무원 그리고 내가 내린 결정들을 평가하는 데 많은 도움이 되고, 내 사고 역시 단련됩니다."

아이폰 보험에 가입할지 말지처럼 사소하고 사적인 결정부터 위기의 순간 조직을 어떻게 이끌지와 같이 크고 중요한 결정까지 이 원칙은 모두 적용된다. 위기 시에는 모든 잠재적 결과들이 부정적으로 보인다. 그렇다면 당신은 나쁜 결과로 이어져 불가피하지만 부당한 비난을 가져올 선택 사항 중에서 골라야만 한다. 목표는 최소한의 나쁜 결과가 예측되는 선택을 하는 것이다.

데이비드 엘우드는 2008년 금융 위기에 하버드 케네디 스쿨의 학장으로 일할 때 가장 덜 나쁜 선택을 해야 하는 상황에 직면했다. 어떤 예산 삭감이든 고통스럽지만 연속적인 예산 삭감은 더욱 그랬다. 그가 해고해야 할 사람들 누구도 이해하지 못했을 것이다. 그의 선택에 박수 치는 사람은 거의 없었다. "문제는 어떤 좋은 결과도 기대할 수 없이 고통스러운 선택지 중에서 골라야만 한다는 것입니다. 더 힘든 것은 불확실성이 해결되고 난 후에야 최적의 선택이 무엇이었는지 알 수 있는 경우이죠. 우리는 어디가 바닥인지 또는 얼마나 빠르게 회복이 될지도 모른 채 얼마나 많은 사람들을 일시적이거나 완전히 해고해야 하는지, 그리고 어디서 얼마나 예산을 삭감해야 하는지 결정해야 했습니다." 나쁜 결과로 이어진 많은 결정에 대해서는 뒤에서 다시 살펴볼 것이다.

만일 우리가 결과의 질로부터 결정의 질을 판단할 수 없다면 어떻게 판단해야 하는가? 그 열쇠는 결정할 당시에 어떤 정보를 가지고 있었는지(또는 가질 수 있었는지) 이해하고 주어진 정보로 결정의 기대치를 극대화할 수 있는 방향으로 선택했는지 평가하는 것이다. 이를 위한 정식 과정은 의사 결정 나무(디시전 트리decision tree)를 그려서 각 가지에 연결된 선택과 가능한 경우, 각 경우의 확률, 그리고 결과를 살펴보는 것이다. 그렇기에 이 확률은 동전 던지기나 카드 고르기의 확률처럼 정확히 정의할 수 없다. 당신이 얼마나 휴대폰을 망가뜨릴 것 같은지 예측하거나 또는 샌프란시스코를 주관적으로 평가할 수밖에 없는 것과 마찬가지이다. 이것이 의사 결정이 매우 어려운 이유이다. 확률에 대해 열심히 생각하거나 주의를 기울이지 않으면 형편없는 결정을 내리게 된다.

의사 결정 나무를 집중적으로 다루는 것은 이 책의 범위를 넘어서지만 그 뒤에 숨겨진 논리는 간단하다. 당신이 결정에 직면하게 되면 가지고 있는 선택 사항들을 고려하고, 그 순간 불확실한 각 시나리오에서 각각의 선택 사항이 어떤 결과로 이어질지 생각해 보면 된다.[50]

이제 아이폰 보험을 가입할 것인지 결정하는 간단한 의사 결정 나무의 과정을 보여 줄 것이다. 두 가지 대안(보험에 가입하거나 안 하는 것)과 두 가지 시나리오(휴대폰이 망가지거나 안 망가지는 것)를 가지고 있는데 각 시나리오는 당신의 결정에 따라 다른 결과를 가져온다. 그러고 나서 두 가지 경우의 예상 비용을 계산할 수 있다. 이 가설의 예에서 보험에 가입하는 예상 비용(102.50달러)은 보험에 가입하지 않는 예상 비용(42.50달러)보다 훨씬 높다. 따라서 당신이 극단적으로 위험을 회피하지 않는다면 합리적인 결정은 보험에 가입하지 않는 것이다. 그리고 가설의 수치를 고려할 때 만약 휴대폰이 망가진다면 나쁜 결과로 이어져 850달러의 비용이 발생하지만 그 결정이 잘못되었다는 의미는 아니다.

아이폰 보험 가입에 대한 간단한 의사 결정 나무

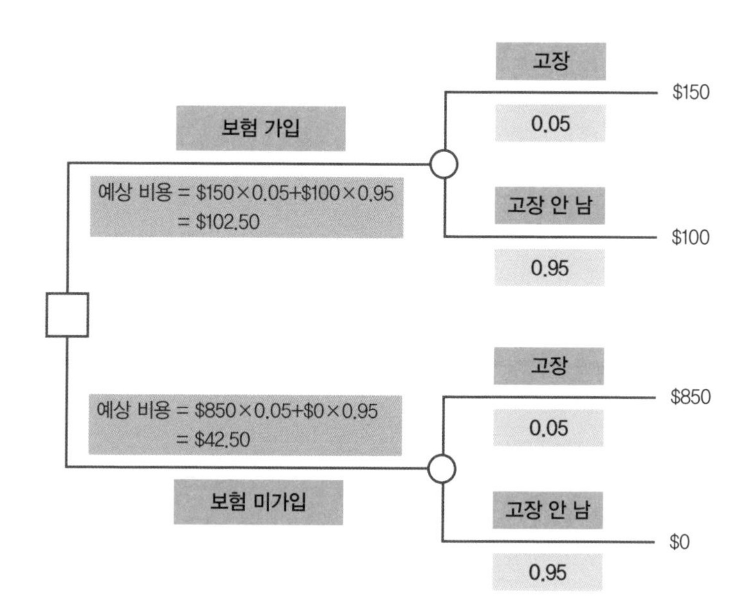

알아 둘 것은 예를 들어 1,000개의 스마트폰을 구매하여 이런 결정을 수차례 한다면 평균적으로 예상되는 비용을 알 수 있다. 하지만 당신은 단지 한 개의 스마트폰만 구입하기 때문에 이에 동의하지 않을 수도 있다. 그렇지만 살아가는 동안 이런 결정을 수천 번 하게 될 것이므로 수많은 결정에 평균적으로 무슨 일이 생길지 생각해 보는 것은 도움이 된다.

의사 결정 나무를 그리면 스마트폰 사례에서처럼 정식으로 작성하지 않아도 관련된 선택과 불확실성을 시각화하여 유용한 정보와 통찰력을 제공할 수 있다.[51] 무엇보다 의사 결정 나무를 그리지 않는다 해도 그 구성 요소들의 관점에서 생각해 본다면 탁월한 결정을 내릴 수 있다. 그리고 2008년 케네디 스쿨의 학장으로서 데이비드 엘우드가 이를 실천했다. "우리는 리처드가 하려고 한 일을 시도하려 했습니다. 다양한 시나리오를 살펴보고 각각에 대략적인 확률을 정한 후에 그 상황에서 어떻게 최선의 결과를 달성할지 고려했죠. 그리고 우리가 결과를 미리 파악하고 나서 완벽한 방법을 선택할 수 없음을 잘 알고 있었기에 결국 어떤 결정이 최고의 결과를 가져올지 물으면서 거꾸로 실행했습니다. 역설적이게도 누구도 이상적인 방법을 알 수 없다는 사실을 인식함으로써 정말 실천이 필요할 때 실제로 행동에 옮기는 것이 쉬워졌습니다."[52]

좋은 결정이 때때로 나쁜 결과로 이어질 수 있는 것을 감안하고 있는데, 왜 좋은 의사 결정 과정을 계획하고 수행하는 수고를 들여야 하는가? 그 이유는 좋은 결정은 나쁜 결정보다 평균적으로 좋은 결과로 이어질 가능성이 높기 때문이다. 그것이 좋은 결과를 보장하는 것은 아니지만 그 확률을 높여 준다. 만약 지속적으로 좋은 결정 과정을 채택한다면 수많은 결정에서 더 나은 결과를 축적할 것이다. 당신이 수년 동안 이렇게 실천한다면 삶의 질을 크게 바꿀 수 있다.

주의할 점은 좋은 결정이 때로는 나쁜 결과를 초래한다는 사실 때문에, 좋은 결정인데도 운이 나빠 모두 나쁜 결과가 나왔다고 생각해선 안 된다는 것이다. 특히 즉흥적으로 결정하거나 생각 없이 충동적일 때 나쁜 결정을 내리기 쉽고, 이는 거의 나쁜 결과로 이어진다. 핵심은 결정의 질을 결과와 분리하여 판단하고 당시에 가지고 있던 정보로 더 나은 결정을 할 수 있었는지 자신에게 되묻는 것이다. 예를 들어 당신이 밖에 외출할 때 비 맞는 것을 싫어한다고 가정해 보자. 일기 예보에 따르면 비 올 확률이 90퍼센트였는데 우산을 두고 집을 나서기로 결정했다. 나가 보니 비가 쏟아졌고 당신은 완전히 젖었다. 우산을 가져가지 않기로 한 나쁜 결정에서 초래된 나쁜 결과였다. 만일 비가 오지 않았더라도 우산을 가져가는 것이 여전히 올바른 결

정이었을 것이다.[53]

그럼에도 불구하고 좋은 결정이 때로는 나쁜 결과로 이어진다는 것을 알게 되면 나쁜 결과가 발생했을 때 우리 자신과 다른 사람들에게 동정심을 가지게 된다. 헤럴드 폴락은 도시 공중 보건 학자로서 현재 시카고 대학 교수이며 리처드의 공저자이자 과거 제자였는데 다음과 같이 이 개념을 멋지게 설명하고 있다.

CASE STUDY

인간적 통찰력

헤럴드 폴락 Harold Pollack 시카고 대학 도시 공중 보건 연구원. 전미 정치학 협회의 보건 정치와 정책 부문 전 회장으로 빈곤 정책과 공중 보건 간의 접점에서 폭넓은 연구 활동을 했다. 《워싱턴 포스트》, 《뉴욕 타임스》 등과 같은 영향력 있는 매체에 지속적으로 기고문을 싣고 있다.

좋은 결정이나 적어도 논리적인 결정이라도 때때로 나쁜 결과를 가져온다. 예를 들어 의사는 (일반적으로) 쓸데없는 검사를 생략하고 부작용이 없는 검증된 약품을 곧장 사용할 수 있다. 또는 아주 드물게 중요한 점을 놓칠 수가 있다. 혹은 지나치게 주의를 기울이다 끊임없는 검사를 처방하면서 더 많은 치료로 이어질 수 있다. 그런 누락이나 과잉 진료에 대해 대가를 치르는 의사들을 연민의 시선으로 바라보기는 힘들다.
2020년 2월 1일 공중 위생국장 제롬 아담스가 운이 없게도 남긴 다음과 같은 트윗을 읽었을 때 나는 이 통찰력에 대해 생각해 보았다. "장미는 붉고 바이올렛은 푸르다. #코로나 바이러스의 위험은 낮지만 #독감의 위험은 높으니 #독감주사를 맞으세요!"
두 달 뒤에 나라는 치명적인 전염병에 휩싸였다. 그런 관점에서 공중 위생국장의 경고는 비극적이게도 현실에 안주하는 잘못된 것이었다. 작성된 시기의 관점에서 볼 때 그의 경고는 분명 훨씬 더 논리적이고 일상적이다. 의사들은 사람들에게 갑작스러운 미래의 문제에 신경 쓰지 말고 중요하고 일상적인 위험에 집중할 것을 주문했다. 그를 비난한 많은 사람들도 대수롭지 않게 똑같은 트윗을 보냈을 것이다. 이 순간 리처드의 원칙은 우리에게 작은 인간적 동정심이 적절하게 필요함을 상기시킨다.

이 원칙을 통해 드러나는 뜻밖의 반전은 나쁜 결정이 가끔은 좋은 결과를 낳는다는 것이다. 리처드의 과거 학생이었고 현재는 하버드 케네디 스쿨의 동료인 케슬리 홍은 이를 생생하게 설명하고 있다. "남편의 은퇴 계획을 담당하는 회사가 무료 재무 상담 서비스를 제공했을 당시, 우리 부부는 재정 상황이 좋지 않았습니다. 우리는 5년 만에 세 번째 아이를 가졌고 완전히 지쳐 있었기 때문에 은퇴 투자 계획을 기본 선택 사항인 금융 시장 계좌에서 다른 상품으로 바꿀 생각은 하지 못했었죠. 때문에 2008년에 금융 위기가 찾아오고 주식 시장이 폭락했을 때 우리는 손실을 피할 수 있었습니다. 재무 상담사는 이에 관해서 의논하다 진지하게 다음과 같이 말했습니다. '똑똑하신 게 아니라 운이 좋으셨네요.' 이때 갑자기 리처드의 수업이 생각났습니다. 그는 앞으로의 은퇴 계획에 혼합 투자를 포함하라고 조언했고, 그래서 우리는 장기적으로 성장 가능성을 기대할 수 있었죠."

리처드의 과거 학생이자 현재 UC 버클리의 교수인 엘리자베스 리노스가 그리스 정부에서 일할 당시 그리스 수상은 논란이 된 결정을 내렸고, 이후 10년간의 금융 위기가 이어져 세계를 뒤흔들었다. "나는 조국의 이 고통스러운 시간을 돌아보거나 누군가 그 결정을 비난할 때마다 그들에게 리처드의 원칙을 언급합니다. 그리고 우리가 그나마 할 수 있던 일은 당시에 가진 정보로 최선의 결정을 하는 것이었다고 말하죠. 우리는 결과 자체가 아니라 그 당시 내린 결정으로 정치 지도자들을 평가해야 합니다. 그리고 나는 아직도 그것이 확률적으로도 옳은 결정이었다고 확신합니다."

하버드 케네디 스쿨에서 30년 이상 리처드와 동료로 지낸 롭 스타빈스는 이 원칙을 잘 요약하고 있다. "신문을 읽을 때 실망스러운 것 중 하나는 결정의 질을 그 당시에 활용 가능한 정보 안에서 판단하는 게 아니라 그에 따르는 결과에 근거해서 노골적으로 또는 암묵적으로 판단할 때입니다. 반복되는 불쾌한 일은 정치인들이 개선된 경제 상황이나 줄어든 오염 물질 배출 또는 다른 변화가 정책 성공의 증거라고 주장하는 것이죠. 정확한 판단을 내리기 위해서는 A라는 시점에서 B라는 시점까지의 변화를 비교할 것이 아니라, B라는 시점의 상황과 정책이 없었을 때의 가정 상황을 비교해야 하는 것입니다."

원칙
09

어떤 결정은 나쁜 결과를 초래할 확률이 높다

이것은 앞에서 언급한 원칙 '좋은 결정도 때로는 나쁜 결과를 가져온다'의 연장선에 있다. 데이비드 엘우드가 이 장의 앞부분에서 설명한 것처럼 어떤 결정에서는 가능한 선택들의 대다수 또는 모두가 나쁜 결과로 이어질 수 있다. 당신이 내린 결정의 결과에 만족할 확률은 낮지만 분석적 의사 결정을 활용하면 여전히 주어진 선택 사항 중에서 가능한 최고의 결정(또는 제일 덜 나쁜 결정)을 내리는 데 유용한 길잡이가 될 수 있다.[54]

어떤 좋은 결정들은 실제로 나쁜 결과로 이어질 가능성이 있다. 당신이 재능 있는 친한 친구의 스타트업 기업에 그의 가족들에게 제시된 것과 같은 가격으로 1,000달러를 투자한다고 가정해 보자. 예를 들어 당신은 이 회사가 파산할 확률이 90퍼센트이지만 만약에 성공한다면 투자금이 5만 달러가 될 것을 알고 있다. 당신은 상황이 유리하고 1,000달러의 손실은 감당할 수 있기 때문에 투자하기로 결정한다. 이 좋은 결정에서 초래될 나쁜 결과의 확률은 90퍼센트이다.

리처드의 제자이며 현재 하버드 케네디 스쿨의 조교인 앨리스 히스는 아동 학대와 방임 예방을 목적으로 하는 주립 아동 복지 기관과 함께 일하면서 이 원칙을 분명하게 느꼈다. 그들이 함께 돌보는 아이들과 가족들은 매우 어려운 환경에 처해 있었다. 불행하게도 아동 복지 기관은 학대와 방임을 완전히 예방하기 위해 주도적으로 정책적 선택을 할 수 없다. "학대와 방임을 완전히 예방하려면 가혹할 정도로 매우 엄격한 조치가 필요한데 이는 누구에게도 바람직하지 않습니다. 기관이 할 수 있는 최선의 방법은 다른 선택보다 더 나은 결과를 가져올 확률이 높은 선택을 하는 것입니다. 안타깝지만 최선의 결정을 내리더라도 여전히 어떤 아동들은 학대와 방임을 겪을 가능성이 크죠. 나는 주 의회 국회의원들과 평론가들이 이 개념을 계속 이해하지 못하는 것을 지켜봤습니다. 그들은 모든 비극적인 사건들을 의사 결정 과정의 실패로 해석했습니다. 그 결과 주 정부 아동 복지 기관장은 너무 자주 교체되었고 기관에는 안정적인 리더십이 부재하였기 때문에 도움이 필요한 아이들과 가정의 상황은 더 악화될 뿐이었죠."

알 칸세일은 이 원칙의 또 다른 사례를 보여 준다. 알은 국가안보 정책 전문가이자 의사 결정 나무의 고수이며 리처드의 예전 동료이다. 그는 UCLA에서 총장을 역임하고 하버드 대학에서는 학장을, 하버드 케네디 스쿨에서 학과장을 역임했다. 냉전시대 동안(넓게 보면 지금까지도) 핵전쟁을 피하기 위한 미국의 기본 전략은 '핵 억지력'이었다. 본질적으로 미국은 어떤 국가도 먼저 공격할 수 없을 정도로 대단히 파괴적인 핵 공격에 대한 반격 능력을 보유했다. 소련 그리고 그 이후 러시아 역시 핵 억지 정책을 취했다.

알은 다음과 같이 밝혔다. "요약하자면 미국과 구소련 및 러시아 양측 정부는 핵전쟁을 피하는 가장 좋은 방법은 즉각적인 대응으로 수천 개의 핵무기를 상대방에게 겨누는 것이라고 결정했습니다. 양측 간의 핵전쟁은 전혀 일어나지 않았기 때문에 아직까지 이 결정은 효과가 있었습니다. 이것이 옳은 결정이었다는 의미일까요? 꼭 그렇지만은 않습니다. 이는 나쁜 결정이었을 수도 있지만 우리는 그저 운이 좋았을 뿐입니다." 핵전쟁을 피하기 위해서 나쁜 결과가 발생할 확률이 더 낮은 전략이 있었을지도 모르고, 이 대안들은 여전히 지금까지 존재할 수도 있다는 점에 알은 주목했다. 그는 행운에 의존하는 것을 경고했다.

리처드를 아는 이들에게 이 원칙에 관해 잘 알려진 사례는 1995년에 그와 부인 샐리가 건강 문제에 대해 매우 어려운 결정을 해야 했던 일이다. 그해에 샐리는 3기 유방암 진단을 받았는데 암이 림프샘까지 전이된 상태였다. 그들에겐 어떤 선택지도 가망이 없었다. 어떤 선택을 하든 몹시 힘든 치료가 필요했고 사망률도 높았다.

샐리는 8개의 양성 림프샘이 있다는 이야기를 들었다. 한 의사가 만약 그녀가 적어도 10개의 양성 림프샘이 있다면 무작위 대조 시험을 받을 조건이 성립되므로 골수 이식과 병행해서 고용량 약물을 투여하는 화학 요법을 진행할 수도 있다고 말했다. 리처드는 선택의 폭을 넓히기 위해 의사에게 림프샘을 다시 세어 볼 것을 요청했다. 몇 개는 뭉쳐 있어 세기가 힘들었는데, 총 11개의 림프샘이 있음이 밝혀졌다. 늘어난 림프샘 개수는 나쁜 소식이었지만 동시에 치료를 시도해 볼 수 있는 조건이 만들어졌다.

그녀의 담당 의사들은 "골수 이식의 사망률은 4퍼센트에 이르기 때문에 이 치료를 진행하고 싶지는 않습니다."라고 밝혔다. 리처드와 샐리는 "골수 이식 치료를 끝까지 이겨 낸다면 생존 확률에 얼마나 도움이 되나요?"라고 물었다. 의사들은 "우리도 모릅니다. 그래서 우리가 이 실험을 해 보는 겁니다."라고 대답했다. 이제까지의 결과는 비밀에 부쳐졌다. 샐리의 담당 의사들을 설득하면서 리처드는 의학 연구 논문들을 많이 읽었고 치료에 지원하면서 다수의 의료 기관에 있는 암 연구자와 상담하였다. 이러한 과정을 마친 뒤, 그들은 예상되는 장기적 생존 가능성이 10퍼센트 이상이라는 결론을 내렸다.

그들은 세 가지를 더 알게 되었다. 첫째, 컬럼비아 대학의 한 전문가는 제한적인 데이터로 작성한 연구 논문에서, 골수 이식을 받으면 대부분의 연구에서 주장하는 5년의 수명 연장보다 더 긴 생존 기간을 얻을 수 있다고 그래프와 함께 제시했다. 두 번째로 샐리가 있던 병원에서는 앞서 언급한 총 4퍼센트의 사망률과 달리 그때까지 치료 중 사망한 환자가 한 명도 없었다. 세 번째, 실험에 참여 중인 통계학자의 자매가 유방암 때문에 그 당시 골수 이식을 받았었다. 리처드와 샐리는 이 모든 정보를 검토한 후에 실험에 지원하기로 결정했다. 그녀는 결국 지원하였고 골수 이식 치료에 무작위로 배정되었다.

치료는 매우 힘들어서 샐리는 거의 죽음의 문턱까지 갔다. 샐리의 암을 연구한 의사는 치료 효과는 오랜 시간이 지난 뒤에 알 수 있다고 말했다. 25년 뒤에 샐리는 완전히 건강을 회복했다. 그녀와 리처드는 자신들이 운이 좋았음을 깨달았다. 하지만 그들은 옳은 결정을 했는지 확신할 수 없었다. 그들이 아는 것은 자신들이 당시에 가지고 있던 정보들을 가지고 올바른 결정을 하려고 노력했다는 것이다.[55]

리처드를 아주 특별하게 만드는 것 중 하나는 사적인 삶에서 그런 가혹한 선택에 직면했을 때, 이 원칙을 잘 알고 있는 많은 사람들이 원래의 본성으로 돌아가려는 것과 달리, 그는 자신의 분석적 방법을 활용하여 더 나은 결정을 하려고 했다는 점이다. 그는 당시에 이렇게 생각했다. "나는 이 결정을 위해 평생 훈련해 왔다."

원칙

10

관여 오류는 누락 오류와 동일하게 반영해야 한다

1997년 아마존의 주식 공모 직후 크리스는 2,500달러의 아마존 주식을 매수하기 위해서 얼마 안 되는 그의 예금을 투자했다. 1998년 이듬해 여름 크리스의 아마존 주식은 2만 달러가 약간 넘었는데 훌륭한 결과였지만 보유하기는 위험한 주식이었다. 한편, 팻은 지난해 아마존 주식 가격의 놀라운 행보를 쫓으면서 처음으로 아마존 주식 2만 달러 치를 매수하려고 고려 중이었다. 그들은 각각 이에 대해 고심하다 당시 아마존 주식이 보유하기에는 너무 위험하다고 결정했다. (사실 아마존은 2003년까지 수익이 난 적이 없다.) 크리스는 그의 모든 아마존 보유 주식을 매도했다. 팻은 아마존 주식을 매수하지 않기로 결정하고 대신에 덜 위험한 주식을 매수했다.

1998년 8월에 누군가 2만 달러의 아마존 주식을 보유했다면 2021년 5월에는 300만 달러 이상의 가치를 보유하고 있을 것이다. 이 수익률은 같은 기간 동안 다른 어떤 주식보다도 더 높다. 이번 사례에서 크리스는 관여 오류를 범했다. 그는 실천(1998년에 아마존 주식을 매도)에 옮겼지만 실수로 판명되었다. 반면에 팻의 실수는 누락 오류였다. 그는 실천(1998년에 아마존 주식을 매수)에 옮기지 못했다. 만약 그들이 1998년에 아마존 주식을 보유하고 수십 년 동안 가지고 있었다면 두 사람 모두 더 좋은 성과를 얻었을 것이다.

두 가지 결정은 물질적 결과에서 똑같다. 팻과 크리스는 1998년에 2만 달러를 아마존이 아닌 다른 주식에 투자하여 다음 20년 동안의 엄청난 수익을 놓쳤다. 그렇지만 두 사람은 자신들의 결정을 다르게 받아들였다. 주식을 매도한 크리스는 자신의 어리석음을 계속 탓했다. 주식을 매수하지 않은 팻은 이에 대해 거의 생각하지 않았다. 당신이 대부분의 사람들과 비슷하다면 팻일 때보다 크리스일 때 더 많이 후회했을 것이다.

일반적으로 관여 오류는 때때로 부작위 편향이라 불리는 누락 오류보다 더 크게 느껴진다.[56] 인간은 그렇게 생각하도록 되어 있는 것 같다. 리처드와 다른 많은 학자들은 우리가 두 가지 경우에 똑같은 비중을 두도록 노력해야 한다고 주장한다. 본능적인 것이 언제나 옳은 것은 아니다. 그래서 테니스 코치가 항상 공에서 눈을 떼지 말라고 가르치는 것이다. 왜냐하면 자연스러운 본능은 상대방을 보는 것이기 때문이다.

우리는 종종 누락 오류에서 발생하는 손실에 대해 알지 못한다. 예를 들어 샌프란시스코의 직장에 가지 않기로 결정한다면 어떻게 될지 절대로 알 수가 없다. 따라서 당신은 후회할 가능성이 낮다. 반면에 그 직장에 가기로 정하고 결과가 안 좋게 나타나면(관여 오류) 손실을 훨씬 더 쉽게 알 수 있다.[57] 이 책에서 다룬 내용보다 더 많은 부작위 편향의 존재 이유에 관한 연구 논문들이 있다.[58] 실제로 어떤 연구는 실행이나 관여 오류가 단기적으로 더 많은 후회를 낳지만 장기적으로는 비실행 또는 누락 오류가 더 많은 후회를 낳는다고 밝히고 있다.[59]

과거 리처드의 제자였고 싱가포르 소재 인시그니아 벤처 파트너스의 공동 설립자인 잉란 탄은 벤처 사업가로서 자신의 연구에서 관여 오류의 중요성에 더 많은 비중을 두고 이 성향을 설명했다. "나중에 10억 달러로 성장한 기업을 놓친 것보다 잘못 체결한 계약이 펀드에 더 장기적인 영향을 줍니다."

미국 정부 및 다른 많은 나라 정부의 코로나 19에 대한 접근 방법은 누락 오류보다 관여 오류에 중요성을 부여했다고 리처드는 믿는다. 백신 보급의 사례를 생각해 보자. 많은 국가에서 선택한 조심스러운 접근은 백신이 예측 못한 심각한 부작용 없이 효과가 있다고 꽤 확신할 수 있을 때까지 기다려 보는 것이었다. 이 조심스러운 접근은 관여 오류에 대한 두려움을 드러냈다. 즉 성급한 접근이 어떤 예상치 못한 부작용을 초래할 수도 있었다. 그러나 신속한 조치를 취하지 않았던 경우(누락 오류)의 결과는 훨씬 더 나빴다. 예방 가능한 많은 코로나 감염자와 사망자가 발생했다.[60]

우리는 이제 25년 전에 리처드와 샐리가 건강 문제에 대해 내린 어려운 결정으로 돌아가 본다. 그들은 골수 이식 치료 결정을 어렵게 만든 부분적인 이유가 만약 샐리가 치료 중에 사망한다면 관여 오류를 범하기 때문임을 알고 있었다. 우리는 방금 본 것처럼 아직도 본능적으로는 잘못된 생각을 가지고 누락 오류보다 관여 오류에 훨씬 더 비중을 두는 경향이 있다. 반면 리처드는 부부 사이 그리고 의료진과의 분명하고 객관적인 논의 덕분에 만일 결과가 안 좋더라도 어떤 오류(누락 또는 관여) 때문인지 고민할 필요 없이 최선의 선택이 가능하였다.

이제 리처드의 하버드 케네디 스쿨 동료이자 빌 클린턴 대통령의 경제 자문 위원회 위원이었던 제프 프랭켈의 몇 가지 생각을 나누면서 이 원칙을 마무리하려 한다. 그는 리처드의 원칙에 대한 전반적인 관점과 이 원칙을 고려하지 못했을 때 차선의 환경 정책 선택에 대해 깊이 생각했다.

CASE STUDY

환경 정책에서의 누락 오류 대 관여 오류

제프 프랭켈 Jeff Frankel UC 버클리 대학의 경제학 교수를 역임한, 하버드 케네디 스쿨의 자본 형성과 성장 부문 제임스 W. 하펠 교수. 1983~1984년, 1996~1999년까지 대통령 경제 자문 위원회에 재직하였으며, 클린턴 행정부에서 자문 위원으로서 국제 경제, 거시 경제, 환경을 담당했다.

리처드의 원칙들은 의심할 여지없이 상식 속에 감춰진 의사 결정 분석의 일반적 오류를 바로잡는 데 유용하다. 의료계에서는 살아가는 데 더 현명한 격언이라고 널리 알려진 "무엇보다, 아무런 해를 주지 마라"는 말이 있다. 이는 히포크라테스 선서에 근거한 것인데 '관여 오류에 비해 누락 오류는 0으로 간주해야 한다'고 말하는 듯하다. 예를 들어 의사가 90퍼센트의 성공 확률과 10퍼센트의 사망 확률이 있는 죽어 가는 환자의 수술 치료를 고려했을 때, '아무런 해를 주지 마라'의 말 그대로의 의미는 수술을 포기하고 환자가 죽도록 내버려 두라는 것이다. 물론 리처드는 확률로 계산된 결과의 평균치에서 나온 올바른 답은 수술이라고 말할 것이다.

그런데 나는 '아무런 해를 주지 마라'는 말을 의사들이 때로는 너무 성급하게 수술을 결정하지 말아야 한다는 의미로 정당화해도 상관없다. 이는 보수적인 치료를 고려하라는 제안이 될 수 있고, '못처럼 생긴 모든 것은 망치로 때려라' 같은 유혹을 이겨 내게끔 해 준다.

'관여 오류는 누락 오류와 동등하게 생각해야 한다'는 리처드의 원칙을 공공 정책에 적용한 것은 환경 정책에서 시작되었다. 특히 유럽에서 일부 사람들은 새롭고 익숙하지 않은 기술에 전반적으로 두려움을 느낀다. 입증 책임이 현 상황이 아니라 혁신에 있다는 주장은 때로는 '예방의 원칙'이라는 이름으로 통한다. 이는 신기술의 가장 큰 위험과 기존 기술의 알려진 단점을 비교하지 않고 간과하는 경향을 설명하고 있다.

이러한 예는 유전자 변형 유기체이다. 나는 빌 클린턴 대통령의 경제 자문 위원회 위원으로서 처음으로 이 정책적 이슈에 주목했다. 기본적으로 신기술에 알려지지 않은 위험이 있다는 것은 사실이다. 어떤 해가 될 확률(관여 오류)이 조금 있다고 가정해 보자. 이것을 핑계 삼아 기존 기술의 알려진 위험(누락 오류)에 대한 균형 잡힌 고려를 무시할 수는 없다. 예를 들어 농작물의 경우 유전자 조작 기술로 재배하지 않는다면 그 손실로 살충제의 수요가 증가하고 빈곤 국가에서는 식량 부족이 발생할 가능성이 있다.

원칙

11

앞에 놓인 선택 사항만으로 제한하지 말라

때때로 당신은 주어진 선택지를 거부하고 다른 선택지를 찾아야 할 필요가 있다. 하버드 케네디 스쿨 동료이자 교수인 맥스 베이저만은 잭하우저의 많은 강의가 그에게 영향을 주었지만, 특히 리처드가 다음과 같은 '콜레스테롤 문제'를 제시했을 때 충격을 받았다고 말했다. 예를 들어 의사가 당신의 콜레스테롤 수치가 220으로 높다는 것을 발견했다. 그녀는 흔히 사용하는 스타틴 약품을 처방하면서 이 약이 전반적으로 콜레스테롤을 10퍼센트 낮출 것이라고 말한다. 하지만 동시에 부작용이 있을 수 있다는 말도 했다. 두 달 후에 당신은 의사를 다시 찾았는데 현재 콜레스테롤 수치가 195이다. 당신이 겪는 유일한 부작용은 손에 땀이 나는 것이고, 일주일에 1~2회씩 한두 시간 부작용을 경험한다. 의사가 이런 부작용을 감수하고 생활할 수 있는지 묻는다. 당신은 그렇다고 대답한다. 의사는 계속해서 약을 복용하라고 말한다. 당신은 뭐라고 하겠는가?

"나는 과거에 고지혈 문제가 있어서 콜레스테롤에 대해 공부했고 그것이 부끄럽지 않습니다. 그래서 리처드가 이런 예시를 들며 질문을 던졌을 때 사람들 앞에서 스타틴을 계속 복용하겠다는 답을 했지요. 그런데 리처드가 '대신 다른 스타틴을 복용해 보는 게 어때요?'라고 물었습니다. 손에 땀이 나거나 다른 부작용을 동반하지 않으면서 같은 효과를 가진 다른 스타틴이 있을지도 모른다고요. 나는 곧 그의 말이 맞다고 생각했습니다. 나는 그의 통찰력을 다른 많은 상황에서 활용했고 내 저서인 《무엇을 놓치고 있는가》에서 이 개념을 글로 남겼습니다."

리처드의 또 다른 동료인 토니 고메즈 이바네즈는 정책 분석가 사이에서 유명한 "제가 선택하게 해 주시면 당신을 위해서 결정하겠습니다."라는 말을 좋아한다. 이 말 역시 더 나은 선택을 위해 계속 주의를 기울이는 것의 중요성을 설명하고 있다.

원칙

12

선택을 바꿀 수 있는 정보만이 가치 있다

매년 수천 명의 학생들이 대학에 지원한다. 미국에서는 보통 깜짝 놀랄 방법으로 지원자들의 합격 여부를 통지한다. 어떤 학생들은 자신이 원했던 학교에 합격했는지 여부를 지원 절차 초반에 일찍 통보받는다. 그런데 그들이 후순위로 미뤄 놓은 대학의 합격 여부를 알게 될 경우, 상황은 그다지 달라지지 않는다. 그렇지만 그들은 결정을 내리기 전에 여전히 다른 대학들(지원한 모든 다른 대학들)의 통지를 기다린다. 그래서 때로는 불필요한 스트레스와 지연이 발생한다.

리처드의 조교이자 제자인 앨리스 히스는 '흥미롭기 때문에' 추가 분석을 요청하는 정부와 일하면서 성공적으로 이 원칙을 활용했다. 그는 다음과 같이 말했다. "프로그램 실적에 관한 발표를 하는 동안 정부 관계자들은 가정 방문 프로그램을 이용하는 고객들의 연령대나 프로그램 직원이 통화한 횟수를 알려 달라고 요청할 수도 있습니다. 우리는 항상 '그 정보가 있다면 무엇이 달라질까요?'라고 물으면서 이런 요청을 걸러 냅니다. 그리고 만약 응답에 별다른 내용이 없다면 이러한 정보의 수집에 시간을 쓸 가치가 없으니 요청을 거절하기로 결정합니다."[61]

4년 동안 리처드의 조교였고 현재 보스턴 소재 스타트업 기업의 총괄 책임자인 크레이그 화이트는 그의 아내가 코로나 19 검사에서 양성 반응이 나왔을 때 이 원칙을 활용했던 일을 회상했다. "가족 중 몇 명은 우리가 모두 검사를 받아야 한다고 했습니다. 나는 검사의 결과와 상관없이 우리 가족의 생활은 똑같을 것이라고 생각했죠. 당시의 코로나 대처 정책상, 우리 가족의 경우에는 어떤 일이 있어도 14일 동안 격리해야 했습니다. 나는 검사에 드는 시간과 비용을 낭비하고 싶지 않았고, 검사 결과 자체 역시 어떤 유용한 정보도 주지 못할 것이므로 받지 않기로 결정했죠. 그런데 사실은 아무도 내 말을 듣지 않았고 가족 중에서 검사를 받지 않은 사람은 결국 나뿐이었습니다!" 크레이그는 의사 결정 이론을 의료 문제에 적용하여 박사 학위 논문을 썼다.

끝으로 리처드는 수년 전 병원에서 겪은 어머니의 일을 예로 들면서 정보 수집에 관한 이 원칙에 대해 설명하는 것을 좋아한다. 그의 어머니는 타지에 살면서 리처드와 샐리를 방문한 상황이었는데, 새벽 3시에 리처드를 깨우면서 "나를 병원에 데려다 줘야 할 것 같아. 너무 통증이 심하구나."라고 말했다. 병원에 도착하자 의사가 "제 생각에는 어머니께서 방광염이신 것 같네요. 항생제를 처방하겠습니다. 곧 괜찮아지실 겁니다."라고 했다. 이틀 후에 의사가 전화를 걸어 왔다. "검사 결과가 나왔는데요로 감염증은 아닙니다. 즉시 어머니를 모셔 오세요."

병원에서 만난 의사가 리처드의 어머니를 진찰하고 검사를 요청했다. 오후 5시경에 결과가 나왔는데 의사는 다음과 같이 말했다. "어머니께서 맹장염이나 종양이 있는 걸로 보입니다. 그렇지만 백혈구의 수가 전형적인 맹장염에서 나타나는 것보다 적고 복부를 만져 봤을 때 종양처럼 느껴지지는 않습니다. 증상을 봐야 할 것 같으니 내일까지 여기에 계셨으면 합니다. 그러면 훨씬 더 자세히 알게 될 것입니다." 리처드가 대답했다. "어떤 경우든 수술하게 될 것 같은데 맞나요?" "네 그렇습니다." "그러면 그 두 가지 경우에 대비하여 지금 수술해야 하지 않을까요?"[62]

의사는 그날 저녁 수술을 진행했다. 리처드의 어머니는 맹장이 터져 복막염(복부의 감염)으로 진행된 상태였다. 하루 더 기다렸으면 위험할 뻔했다. 50대의 하버드 의대 교수였던 의사는 이 일에 대해 어느 누구도 '정보가 결정을 바꾸지 않는다면 기다리지 말라'고 가르쳐 주지 않았다고 말했다.

MAXIMS FOR THINKING ANALYTICALLY

4장

정책 이해하기

앞 장에서는 불확실한 세상에서의 의사 결정에 대한 지침을 제공했다. 이 장은 정책 결정을 도와줄 원칙들을 제공한다. 이것은 정부 관계자, 비영리 기관장, 다수의 집단을 대표하는 학부모 등이 내리게 될 결정을 위한 원칙이다. 그런 결정을 내리고 평가하는 데 바람직한 근거는 무엇일까? 당신이 정책 결정을 내리는 책임자가 아니더라도 이번 장의 원칙들은 책임자들이 내리는 결정을 제대로 평가하는 데 도움이 될 수 있다. 더 깊이 들어가면 당신은 그 원칙들을 통해 주위의 세상을 더 잘 이해하고 무엇이 사회에 보탬이 되는지에 대해 확고한 생각을 갖게 될 것이다.

원칙

13

장제법은 가장 중요한 정책 분석 도구이다

이 원칙은 간단하지만 중요한 점을 시사한다. 어떤 영역의 정책을 평가할 때는 먼저 그것이 달성하려는 목표와 그에 필요한 자원을 결정해야 한다. 자원의 총합으로 단위 투입량에 대한 산출량을 계산하기 위해서는 장제법을 사용해야 한다. 예를 들어 당신이 어떤 주의 백신 접종 장소를 결정하고 재원을 제공하는 책임을 맡고 있다고 가정해 보자. 하루 동안 현장을 운영하는데에는 5만 달러가 소요되고, 평균적으로 1,000회의 백신 접종이 실시된다. 따라서 접종 시행 비용은 백신 접종 1회당 50달러이다. 당신이 이 수치가 그럴 만한 가치가 있는지 알고 싶다면 이 정보는 결정적이다. 당신은 백신 접종에 50달러를 지불할 것인가? 그렇지 않으면 1,000달러 투입에 대한 이익처럼 투입량에 대한 산출량의 관점에서 생각할 수 있다. 이 경우에는 1,000달러 비용으로 20회의 백신 접종이 이루어진다.

현실은 물론 앞의 간단한 예와 달리 더 복잡하다. 그렇지만 이익을 비용에 비교하는 원칙은 경제학자들이 비용 편익 분석 또는 비용 효과 분석이라고 부르는 기본이 되는 것으로 어떤 정책을 시행해야 할지 파악하는 데 여전히 매우 유용하다. 다시 백신 접종 예로 돌아와 당신이 많은 현장을 감독하기 위한 예산이 한정되어 있다고 가정해 보자. 어디서 운영할지 어떻게 결정할 것인가? 모든 백신 접종이 똑같은 가치가 있다면 1,000달러당 제일 많은 백신 접종을 할 수 있는 장소부터 시작할 것이다. 그러고 나서 그다음으로 1,000달러당 가장 많은 백신 접종을 할 수 있는 곳으로 옮겨 간다. 그리고 예산이 바닥날 때까지 같은 방법으로 계속 실행한다.

산출을 정확히 설정하는 것이 매우 중요하다. 이때 당신이 달성하려는 목표에 대해 주의 깊게 생각해 볼 필요가 있다. 백신 접종의 경우 목표는 가능한 많은 백신 접종을 하는 게 아니라 감염병으로 인한 사망과 중증을 예방하는 것이다. 예를 들어 요양 병원 환자나 히스패닉 공동체는 흔히 밀집된 주거 환경에서 생활한다. 또 근로 현장에 보고해야 하는 '필수 인력'의 경우처럼 질병이 집단에 따라 다르게 영향을 주기 때문에 이러한 집단에 우선적으로 백신 접종을 함으로써 더 심각하거나 치명적인 사태 발생을 예방할 것이다.

그 어떤 것도 쉽지 않겠지만 비용과 이익을 평가하는 일은 여전히 중요하다. 리처드가 다음에 직접 설명하는 것처럼 이 원칙을 적용하는 데 또 다른 이슈가 발생한다.

CASE STUDY

더 복잡한 시나리오의 장제법

리처드 잭하우저

흔히 투입하는 것이 돈이 아니거나 돈은 차선책일 때가 있다. 우리가 20,234제곱미터 면적의 구역을 공원으로 바꾸기로 결정했다고 가정해 보자. 셔플 보드 코트, 축구장, 테니스 코트 등을 갖출 수 있다. 만일 당신의 목표가 참여자의 여가 활동 총시간을 최대로 늘리려는 것이라면 하루 동안 이러한 활동들을 통해서 92제곱미터당 얼마의 참여 시간을 확보할 수 있는지 전문가에게 문의할 수 있다. 그러고 나서 우리는 92제곱미터당 최대 시간에서부터 시작해서 점점 줄여 나갈 수 있다.[63]

물론 1달러당 비용 산출은 일정하지 않을 수 있다. 우리가 비용을 점점 더 많이 쓸수록 투입 대비 수익이 감소할 것이라 예상할 것이다. (이를 한계 효용 체감이라고 하는데, 이 경우 '한계'는 마지막으로 사용한 달러이다.) 예를 들어 병원에서 채용한 세 번째 간호사는 11번째 채용한 간호사보다 더 많은 의료 효용을 가져올 가능성이 높다. 면역 예방 주사, 유아 돌봄, 연간 건강 검진 등 다양한 의료 서비스를 제공하는 병원을 운영하면서 품질 조정 수명 연도로 산출을 측정한다고 가정해 보자.[64] 만약 첫 번째 의료 서비스에 10만 달러, 두 번째에 20만 달러, 그리고 세 번째에 15만 달러를 사용하여 한계 수익은 1만 달러 지출당 첫 번째 경우 10 품질 조정 수명 연도, 두 번째 경우 8 품질 조정 수명 연도, 세 번째 경우 11 품질 조정 수명 연도라고 한다면 당신은 어떻게 해야 하는가? 두 번째 의료 서비스를 줄이는 반면 세 번째를 확대하고 첫 번째를 조정하면서 품질 조정 수명 연도를 끌어올려야 한다. 결국은 각 의료 행위에서 1만 달러 지출 당 9.7 품질 조정 수명 연도가 발생하는 최적의 상태에 도달할 것이다. 그러기 위해서 우리는 언제나 1만 달러 지출당 얼마의 품질 조정 수명 연도를 얻을 수 있는지 결정하기 위해 장제법을 사용해야 한다.

교각 건설이나 고속 교통망의 추가처럼 개별 프로젝트를 평가해야 할 경우가 많다. 우리는 너무나 자주 고속 교통망을 확장하는 것이 매우 중요하다고 그저 말로만 할 뿐이다. 이 원칙에 따르면 자원을 지출할 경우 무엇을 얻게 되는지 파악하기 위해서 장제법을 사용해야 한다고 제안할 것이다. 교통망 확장에 연간 10억 달러의 비용이 필요하다고 가정해 보자. (이는 채권 이자, 임금, 유지비 등을 포함한다.) 이를 통해 승객들은 일 년에 5억 분을 아낄 것이다. 절약되는 1분당 2달러의 비용이 소요된다는 사실을 알면 유용하다. 하지만 이 수치를 볼 때 사람들이 자신의 시간이 가지는 가치를 한 시간당 120달러라고 평가하지 않기 때문에 우리는 고속 교통망 확장이 그 정도의 가치는 아니라고 생각할 수도 있다.[65]

산출량을 달러나 다른 투입량(누군가의 시간)으로 나누는 장제법은 보통 문제에 대해 명확하게 생각할 수 있는 방법이다. 수치가 계산하기 어렵더라도 투입량에 대한 산출량의 비율을 어림짐작하면 우리가 합리적인 수치를 파악하고 있는지에 대해 알 수 있다. 게다가 수치가 높다면 우리는 아마 다른 장소에서 추가로 더 할 수 있을 것이고 만약 수치가 낮다면 축소하는 것을 고려해야 한다.

극단적인 예로 생명을 구하는 것은 한 시간의 미적 쾌락보다 가치가 훨씬 더 크다. 그림이 10년 동안 2,000여 번 감탄의 시선을 받는 반면에 제세동기는 평균 10년에 한 번만 사용되더라도 더 큰 의미가 있다. 그러니 로비에 그림을 걸기 전에 우선 회사 사무실에 제세동기를 비치해야 한다.

요약하자면 이 원칙은 다른 선택 사항들에 대한 '달러당 효용'의 계량법을 찾고, 선택의 순서를 결정하며, 그러고 나서 효용의 가치가 투입된 재원보다 낮아질 때까지 가장 높은 달러당 효용을 가진 선택 사항을 고르는 것에 대해 설명하고 있다. 그렇게 하지 않으면 당신의 재원은 모두 소진될 것이다. 에린 St. 피터는 과거 리처드의 학생이었고 현재 와튼 위기 센터와 부동산 학과의 연구 분석가이다. 그녀는 대학원 재학 중 하계 연구 기간에 실제로 이 원칙을 따르면 프로젝트를 신속하게 진행할 수 있음을 알게 됐다. 그녀는 교통사고 사망률을 줄이는 다양한 전략들을 평가하기 위해서 주 정부 및 교통부와 함께 일할 기회가 있었다. 고려 중이거나 다양한 완료 단계의 프로젝트 목록에는 도로 표지판 변경, 속도위반 단속 구간, 교통경찰 단속 강화, 음주 운전 단속, 그리고 그녀가 특별히 제일 신경 쓰고 있는 한 가지가 있었다. 그것은 바로 주 고속 도로 전 구간에서 시행 중인 수십 억 달러의 역주행 운전 감지 시스템이었다.

"역주행 운전의 교통사고 사망률은 전국적으로 교통사고 관련 사망자의 1퍼센트를 차지하고 있지만 그 당시에는 주의 최우선 과제였다. 게다가 대부분의 역주행 운전 사망은 음주 운전자와 관련이 있어서 전반적인 음주 운전 단속이 사망률을 줄이는 데 도움이 될 수 있었다. 비용 편익 분석의 핵심인 장제법은 다양한 해결책을 평가하는 데 사용한 가장 중요한 틀이었다. 나는 지출된 1달러당 교통사고 사망률 감소를 기준으로 다양한 해결책들을 비교했다."

하버드 케네디 스쿨에서 리처드의 학생이자 조교인 타란 라구람은 미국 공립 학교 학군 자문 위원으로서 이 원칙이 자신의 업무에 어떻게 적용되는지 살펴보았다.

CASE STUDY

공교육에서 장제법

타란 라구람 Taran Raghuram 하버드 케네디 스쿨에서 공공 정책을 공부하는 대학원생. 현재 하버드 케네디 스쿨의 교육 정책과 관리 부문 연구원이다.

공교육에서 나의 업무를 돌아보면 장제법은 확실히 우리가 자유롭게 사용할 수 있던 가장 유용한 도구였다. 학교 학군 책임자들과 대화를 나눌 때 이제까지의 복잡한 통계 방법보다 단순한 비율이 더 많은 의미를 전달하고 보다 나은 대화로 이끌었다.

자원의 크기(직원 비율 및 학급 크기)나 특정 전략의 효과(투자 대비 수익)를 비교할 때 장제법은 단순하고 비교 가능한 계량법을 제공했다. 우리가 사용한 한 가지 계량법은 각 관리 책임자가 몇 명의 교장들을 맡고 있는지 측정하는 것이었다. 우리가 학군들을 비교하고 확실한 의사소통을 할 수 있었기 때문에 이 단순한 숫자는 중요한 의미를 가지고 있었다. 만일 당신의 학군에서는 각 관리 책임자에게 40명의 교장들이 보고하는데 다른 학군에서는 관리 책임자에게 10명의 교장들이 보고한다면 그들은 당신보다 훨씬 더 학교 사정에 대해 잘 알 수 있다.

내가 만난 공공 기관의 똑똑한 관계자들은 이 원칙을 가슴 깊이 새기고 있었다. 그들은 볼록 최적화를 수강했거나 대수적 위상 수학을 공부하지 않았지만 모든 상황에 대해 간략하고 강력한 계량법의 고수들이었다. 나는 이것이 야심에 찬 정책 귀재들에게는 아마도 가장 평가 절하된 리처드의 원칙이라고 생각한다.

마지막 사례를 들자면 데이비드 슬러스키는 타란, 리처드와 함께 세 개의 연령대에서 2020년 사망자 수를 2019년 사망자 수로 나누어 코로나 19의 사망률 유형을 조사했는데, 전반적으로 21퍼센트 증가한 것으로 나타났다. "장제법은 세 그룹에서 매우 다른 양상을 보였습니다. 2020년 3~12월까지 75세 이상 그룹에서 증가한 79퍼센트의 사망자는 코로나 19 때문이었어요. 45~75세까지의 그룹에서는 코로나 19가 증가한 사망자의 67퍼센트를 차지했습니다. 45세 이하 그룹에서는 비자연사(교통사고, 약물 남용, 살인, 자살)가 50퍼센트를 차지한 반면에 코로나 19는 사망자 증가 원인의 단지 25퍼센트를 차지했습니다."[66]

원칙
14

탄력성은 삶의 중요한 일들을 이해하는 강력한 도구이다

탄력성은 경제학에서 중요한 개념 중 하나이다. 일반적으로 탄력성은 수량이 한 단위(보통 1퍼센트) 증가할 때 그것이 얼마의 변화를 가져오는지 알려 준다. 가장 자주 사용되는 탄력성은 1890년 저명한 영국 경제학자 알프레드 마셜이 독창적으로 정의한 수요의 가격 탄력성이다. 이는 다른 조건은 유지하고 가격이 1퍼센트 오를 때 재화에 대한 수요량의 퍼센트 감소를 알려 준다. 아이스크림의 가격 탄력성 -2는 아이스크림의 가격이 1퍼센트 오를 때 아이스크림 구매가 2퍼센트 떨어진다는 의미이다.

보다 일반적으로 탄력성은 변화량을 고려하면서 경제학의 주요 원칙을 뒷받침한다. 경제학자들은 한계적 사고가 획기적인 가치를 갖고 있음을 깨달았다.[67] 자세한 설명을 위해서 많은 직장인들이 암묵적으로 혹은 분명하게 대답해야 했던 다음의 단순한 질문을 살펴보자. “당신은 직장에서 일하는 것과 가족과 함께 지내는 것 그리고 개인적인 일에 시간을 보내는 것 중 어떤 것을 원하나요?” 경제학자들은 현재 몇 시간을 직장이나 가정에서 보내는지 또는 개인적인 계획에 사용하는지에 따라 대답이 결정될 수 있기 때문에 이것을 잘 만들어진 질문이라고 생각하지 않는다. 만약 당신이 몇 시간 일하지 않는데 돈이 필요하다면 일하는 데 더 많은 시간을 사용하려고 할 것이다. 반면에 당신이 이미 많은 시간을 일하고 있어서 가족을 보기 힘들다면 아마도 가족과 함께 좀 더 시간을 보내길 원할 것이다. 요약하자면 이 질문에 대답하기 위해서는 당신의 마지막(한계) 노동 시간의 가치에 대해서 생각해야 한다. 게다가 이 한계 시간은 당신의 소득에 별 도움이 되지 않을 것이다.[68] 이것은 탄력성에 기초한 결과이다. 추가적인 노동 시간이 비교적 작은 추가 소득만 가져오거나, 늘어난 소득이 당신에게 큰 의미가 없을 수도 있다.

따라서 이 결정을 내릴 때 당신은 현재 상황(현재 일하고 있는 시간)에서 추가로 일을 더 할지 또는 가족들과 시간을 더 보낼지에 대해 고려해 보려 한다. 한계 변화량에서 생각한다는 것은 다음의 관점에서 정확히 생각해 보는 것이다. 즉 그 '추가적인(또는 한계)' 시간에서 얼마의 가치를 끌어낼 수 있는가? (덧붙여 말하자면 당신이 한계 변화량으로 얼마나 얻는지 정하려면 장제법을 사용한다.)

하버드 케네디 스쿨의 박사생이며 리처드의 조교인 마리 파스칼 그리먼은 최근에 정확히 다음과 같은 딜레마에 봉착했다. "나는 주위 사람이나 나 자신 모두 한계 변화량을 바탕으로 생각하지 않고 전체 값을 바탕으로 결정하는 것을 알게 되었습니다. 추가 노동 5시간으로 버는 돈이 가족과 함께 보내는 5시간만큼의 가치가 있나요? 물론 직업을 갖고 남부럽지 않은 삶을 사는 것은 좋은 일입니다. 그렇지만 우리는 보통 이런저런 일을 하기 위해 추가로 사용한 그 시간이 가치가 있는지 자신에게 되묻는 것을 잊곤 하죠."

하버드 케네디 스쿨 교수이자 리처드의 동료인 아이리스 버넷은 행동 경제학을 전공하고 있다. 그녀는 리처드와 함께 탄력성 개념을 신뢰에 관한 연구에 적용했다. 당신이 주머니에 난 구멍 때문에 100달러를 잃어버렸다고 상상해 보라. 어떤 기분이 들겠는가? 이제 당신이 친구에게 무이자로 돈을 빌려주었는데 그가 갚지 않고 사라져서 100달러를 손해 봤다고 상상해 보라. 이 손해에 대해 어떤 기분이 들겠는가?

두 가지 경우 모두 당신은 100달러를 잃었다. 그렇지만 첫 번째의 경우 손실은 불운 때문에 발생했고 두 번째 경우는 친구가 믿음을 져 버려서 발생했다. 만약 당신이 두 번째 시나리오에서 더 기분이 나빴다면 아이리스와 리처드가 '배반 회피'라고 부르는 현상을 보여 주는 것이다. 이 회피는 사람들이 결과가 어떻게 나올지에 대해 신경 쓰고 있다는 것을 의미한다. 구체적으로 손실의 확률이 같을 때 배반 회피를 보이는 사람들은 타인의 행위보다 자연스러운 상황에서 손실이 발생하는 것이 낫다고 생각한다. 다른 말로 하면 배반이 불운보다 나쁘다는 것이다.

아이리스와 리처드는 배반의 가능성이나 대가가 변할 때 사람들의 신뢰 의지가 어떻게 바뀌는지에 대해 알아보고자 몇몇 독창적인 실험을 했다.

CASE STUDY

배반 회피와 신뢰 탄력성

아이리스 버넷 Iris Bohnet 기업과 정부 부문 알버트 프랫 교수로서 하버드 케네디 스쿨의 학장. 행동 경제학자로 성별 또는 비교 문화적 관점에서 조직과 사회에서의 의사 결정을 개선하기 위해서 경제학과 심리학의 통찰을 결합하였다.

미국에서의 첫 실험 결과에 자극받은 우리는 배반 회피가 얼마나 견고한지 보기 위해서 전 세계로 범위를 넓혀 나갔다. 우리는 가는 곳마다 같은 현상을 발견했다. 중국, 베트남, 사우디아라비아, 터키, 브라질, 스위스의 많은 사람이 언제나 미국에서와 같은 정도는 아니지만 배반 회피를 드러냈다.

이런 결과들은 기관을 설계하고자 할 때 의미가 있다. 희생자들이 부당한 취급을 받을 때 우리는 물질적 손실을 보상함으로써 신뢰를 구축하는 법률 제도를 생각한다. 그렇지만 사람들이 배반 회피 성향을 가진다면, 물질적 손실을 보상하는 데 초점을 맞추는 방식은 신뢰를 구축하기가 힘들다. 예를 들어 많은 계약 방식에서 계약의 준수 또는 위반과 상관없이 잠재적 피해자에게 재정적으로 똑같이 보상함으로써 상대방이 야기한 손해를 배상하려 한다. 기관이 배반의 위험보다 물질적 손실의 위험을 줄이려 할수록 배반 회피 성향이 더 큰 사람에게는 효과가 적다.

이 통찰력은 효과적인 연구 프로그램으로 결실을 맺었고, 리처드와 다양한 박사생들, 박사 후 연구원들 그리고 나는 얼마동안 꽤 바빠졌다. 이는 또 리처드가 좋아하는 또 다른 개념인 탄력성의 연구로 이어졌다. 특히 배반의 비용과 가능성처럼 기관의 환경 속에서 사람들이 변화에 어떻게 대응하는지 더 잘 이해하기 위해서 우리는 '신뢰의 탄력성'이란 개념을 도입했다. 이것은 얼마나 더 많은 사람들이 배반의 비용과 가능성 속에서 주어진 변화를 믿으려 하는지 측정한다.

우리는 연구에서 얻은 통찰력을 학위 과정과 임원 교육 프로그램에서 협상과 의사 결정을 가르치는 데 적용했다. 이러한 케네디 스쿨 방식으로 배반 회피를 적용하여 정부가 각 기관에 대해 고려할 수 있도록 도와 달라는 요청도 이어졌다.

리처드와 함께는 아니였지만 나는 오만 국경 근처 오아시스에 위치한 알 아인에서 아랍에미리트연합의 수상이자 두바이의 통치자인 시크 모하메드와 그의 내각과 함께 일했다. 그것은 매우 흥미로운 경험으로, 나는 그들에게 의사 결정과 신뢰, 협상에 대해 가르쳐 주었다. 우리는 이슬람 계약법을 논의하고 "협정은 준수되어야 한다"는 시민법의 나라인 스위스의 계약법과 어떻게 다른지 비교했다. 그리고 계약의 준수보다 손해 배상이 더 유리하다면 어떻게 당사자가 계약을 위반할 수 있는가를 '효율적 위반'이란 관습법적 개념으로 설명하는 미국의 계약법과도 비교하는 작업을 했다.

원칙

15

이질성은 많은 현상을 설명한다

미국에서 특히 증가하는 고가의 의료 비용은 지난 30년 동안 학계와 정책 결정자들로부터 상당한 관심을 끌었다. 메디케어 센터와 메디 케이드 서비스에 따르면 미국 의료비 지출은 2019년에 4.6퍼센트 증가하여 3.8조 달러에 도달했는데 이는 1인당 1만 1,582달러이다. 미국 국내 총생산(GDP)에서 보자면 의료비가 17.7퍼센트를 차지했다.[70]

많은 연구들이 미국에서 의료 비용이 왜 그렇게 높은지 설명하려고 시도했다. 이러한 연구들이 밝혀내려 했던 한 가지 주요 사실은 우리가 모두 같은 액수의 의료비를 쓰지 않는다는 것이다. 다른 말로 하자면 의료비 지출에는 이질성이 있다. 실제로 이 연구들의 중요한 결과는 의료비 지출이 연령에 따라 오르는 경향이 있으며, 개인마다 그리고 같은 집단의 개인들마다 매우 다양하다는 것이다. 즉, 일생 동안 어떤 사람들은 다른 사람들보다 훨씬 더 많은 의료비를 지출한다.

이러한 이질성을 이해하는 것이 합리적인 의료 정책 설계의 열쇠이다. 예를 들어 모든 개인을 동등하게 다루는 정책(예컨대 보험료를 증가시킴으로써 사람들이 불필요한 의료 서비스에 접근하는 것을 예방하는 행위)이 전체 의료 비용 지출을 감소시킬 가능성은 낮다. 반면에 만성적인 질환(미국인의 대략 절반에 해당하며 전체 의료 비용의 86퍼센트가 만성 질환으로 인해 발생한다)에 초점을 맞춘 정책은 만성 질환자의 비율을 감소시키는 정책을 촉진하거나 만성 질환자에게 지출되는 비용의 효과를 개선시킬 것이다.[71] 따라서 이러한 접근법이 더 바람직하다. 다만 급성 질환이 만성 질환보다 더 흔했던 1950년대에는 이 접근법이 그렇게 효과적이지 않았을 것이다.[72]

과거 리처드 아래에서 박사 과정을 밟았던 크리스 주크는 1970년대에 고비용 의료 서비스 이용자에 관한 논문을 썼다. 그는 이 원칙과 데이터를 사용하여 고비용 이용자들이 특정 만성 질환을 앓고 있는 사람들이라는 사실을 보여 주었다. 그가 리처드에게 배운 한 가지 원칙은 '평균 행동'이 대규모 집단에서는 좀처럼 기준이 될 수 없다는 개념이었다. 특정 집단의 행동을 이해하기 위한 열쇠는 당신이 연구하는 현상에 대해서 비슷하게 행동하는 비교적 동일한 집단의 사람들을 정확히 파악하는 것이다. 이렇게 한 뒤에 각 집단의 행동들을 따로 분리하여 생산적으로 분석할 수 있다. 일단 여기까지 마치고 나면 전체 행동을 이해하기 위해서 모집단을 다시 짜 맞출 수 있다.

베인 앤드 캐피탈의 사업 파트너인 크리스는 경영 전략 부문의 베스트셀러 작가이다. 그는 이 이질성의 개념을 다음과 같이 설명한다. "이질성은 레고(놀랍게도 아주 작은 비중의 열성적인 소비자들이 엄청난 양의 레고를 구입하는데 그들을 분리하여 부분적으로 이해하는 것이 중요)의 부실 기업 회생에서부터 렌터카 회사(차량의 활용을 극대화할 수 있는 방안을 계획하고 마케팅을 위해 비교적 동일한 집단의 고객을 이해하는 것이 중요)를 위한 전략 업무까지 여러 연구에서 경영 전략의 미시 경제학을 이해하는 데 중요한 개념입니다. 나는 의료 용품 업체에 관한 연구를 통해 중환자 집중 치료실에서 환자들의 링거액 사용에 상당히 큰 차이가 있다는 것을 관찰하고 이해하려 했습니다. 동일한 집단을 아주 정확하게 구분하고 예상 밖의 돌발 상황과 변수들을 포함시키고 나서야 우리는 그 차이가 근본적인 모집단 때문인지 상이한 의료 행위 때문인지 밝혀낼 수 있었죠. 이런 일들은 많은 성가신 문제들 속에서 집단의 행동을 이해하고 예측하려 노력하는 동안 계속되어 왔습니다."

모집단에서 이질성에 대한 최근 사례는 전염과 관련이 있다. 코로나 19 관련 뉴스를 계속 보면서 우리가 알게 된 것은 기초 감염 재생산 지수, 즉 R_0가 전염병의 확산을 예측하는 데 폭넓게 사용된다는 것이다. 이 숫자는 전염성을 측정한 것으로 감염된 사람이 평균적으로 몇 명을 감염시킬지를 나타낸다. 모든 감염자가 똑같은 수의 사람을 감염시키지는 않는다. '슈퍼 전파자'는 몇 가지 이유로 다른 사람들을 감염시킬 가능성이 매우 높은 사람들이다. 그리고 슈퍼 전파의 경우 기하급수적으로 많은 숫자의 감염자를 발생시킨다(예를 들어 2020년 2월 보스턴에서 열린 바이오젠 컨벤션).[73]

리처드의 과거 학생이자 싱가포르의 총리인 리셴룽은 전파 속도와 감염 집단에 있어 이질성을 파악하는 것이 2020년 5월경 싱가포르의 초기 코로나 상황을 이해하기 위한 핵심이라고 생각한다.

CASE STUDY

코로나 19 전파에서의 이질성

리셴룽Lee Hsien Loong 싱가포르의 정치인이자, 현직 총리. 싱가포르의 초대 총리인 리콴유의 장남이다. 케임브리지 트리니티 칼리지를 졸업했으며, 1980년 하버드 케네디 스쿨의 행정학 석사 과정을 졸업했다.

코로나 19 전염병에 관한 다음의 생생한 사례에서 이질성을 이해하는 것이 중요함을 알 수 있습니다. 팬데믹 초반, 각 국가들과 도시들은 바이러스의 재생산 지수인 R_0와 사망률을 추적하고 있었습니다.

싱가포르는 2020년 1월에 코로나 19 감염 사례가 나타나기 시작했습니다. 코로나 19의 발생이 계속되는 동안 우리의 R_0 지수는 1 아래로 유지되었습니다. 우리는 이에 조금 안심했고, 이것이 끈질긴 접촉자 추적 덕분이라고 생각했습니다. 그러나 동시에 우리는 이것이 싱가포르 전역에 대한 수치라는 것과 바이러스가 지엽적으로 퍼지면 R_0 지수가 특정한 환경에서 훨씬 더 높을 수 있음을 분명히 알고 있었습니다. 그리고 결국 그렇게 되었죠. 30만 명의 이주 노동자들이 전파 가능성이 매우 높은 공동 숙소에서 살고 있었습니다. 그곳에서의 감지되지 않은 몇몇 감염 사례가 전반적인 전염병 발생으로 이어져 눈덩이처럼 불어났습니다. 숙소에서의 R_0 지수는 2에서 3으로 높아졌습니다.

그렇지만 다른 이질성 덕분에 사망률을 매우 낮게 유지할 수 있었습니다. 이 글을 쓰는 동안의 치사율은 0.05퍼센트로 지금까지 대략 6만 건의 코로나 감염 사례 중 34명만이 사망했습니다. 이것은 우리 사례 중 많은 경우가 일반적 인구 집단보다 젊고 건강한 이주 노동자들이기 때문일지도 모릅니다. 대부분은 가벼운 증상이거나 무증상이었고 단지 소수만 중환자실 치료가 필요했습니다. 하지만 초기에 노인 인구나 요양 병원에서 비슷한 크기의 전염병 발생이 있었다면 완전히 다른 이야기가 될 뻔한 상황이었습니다.

인구 내에서 이질성을 파악하는 것은 인구의 다른 구성 집단에 대한 정책을 설계할 때도 도움이 된다. 예를 들어 미국 질병관리 센터에 따르면 코로나 19 사망자의 90퍼센트 이상이 55세 이상에서 발생했고 1퍼센트 미만은 25세 이하에서 발생했다.[74] 이것은 요양원이 학교와는 완전히 다른 위험 분류군에 들어간다는 것을 의미한다.

리처드는 전염병 초기부터 위험한 상황에서 이질성에 충분히 주의를 기울이지 못하면 미국을 비롯하여 다른 나라들에서 중대한 부정적 결과로 이어질 수 있다고 주장했다. 우리는 초기에 노인층, 특히 장기 요양 시설에 있는 고령자를 보호하는 데 한심할 정도로 부적절한 조치를 취했다. 리처드는 또한 고령자의 반대편에 있는 어린 학생들이 등교하지 못함으로써 비교적 낮은 감염 위험에 직면했지만, 동시에 학습 및 정신 건강에 심각한 영향을 받을 수 있다고 생각했다. 특히 일부 가정과 어린 학생들은 대면 교육보다 온라인 교육을 선택함으로 인해 더 고통을 받을지도 모르는데, 학교 교육을 재개하는 데 너무 주저하고 있다고도 주장했다.

이질성을 이해하는 것은 행동이 시간에 따라 변화하는 문제를 진단하는 데 자주 도움이 된다. 2021년 초에 코로나 19 감염률이 다수의 선진국에서 가파르게 떨어지기 시작했다. 가장 흔한 설명은 개선된 거리 두기 정책, 집단 면역의 발달, 그리고 백신 접종의 효과였다. 감염률 감소의 또 다른 요인이었던 이질성은 주목을 받지 못했다.

위기에서의 이질성이 어떻게 감소하는 코로나 19 감염률을 설명할 수 있는지 파악하기 위해 다음과 같은 아주 단순한 가상 사례를 활용할 수 있다.

인구의 절반은 코로나 19에 감염될 위험(20퍼센트)이 있고 다른 절반은 낮은 위험성(1퍼센트)을 가지고 있다고 가정해 보자. 이러한 감염 위험의 차이는 사람들의 행동, 주거 조건, 고용, 지역의 바이러스 종류 등에 따라 발생할 수 있다. 처음에는 많은 고위험군에 속한 사람들이 감염되기 때문에 감염률이 높을 것이다. 그렇지만 시간이 지남에 따라 감염 위험에 처한 사람들은 더 적어진다(왜냐하면 많은 사람들이 이미 감염되었고 코로나 19의 재감염 위험성은 매우 낮다). 그리고 전체 감염률은 저위험군의 감염률(1퍼센트)에 가까워지기 시작한다. 이 단순한 사례는 현상 뒤에 감춰진 과정을 보여 준다. 고위험군에 속한 사람들은 초기에 전체 감염률을 증가시키지만 시간이 흐름에 따라 인구 전체의 감염 위험도에서 그들의 비중은 줄어든다. 이것이 시간이 지남에 따라 전체 감염률을 떨어뜨린다.[75]

이와 같은 양상은 코로나 19 이외의 다른 분야에도 적용된다. 실제로 리처드는 디스크 재발, 재흡연율, 그리고 재범률이 왜 시간에 따라 감소하는지에 대한 근거로 위험에서의 이질성에 대해 설명했다.[76] 이질성이 다른 요인들을 제거하지는 않지만 매우 중요함에도 자주 간과된다.

이질성이 중요해지는 흥미로운 상황 중 하나는 대학 입학이다. 《조기 입학 게임》이라는 획기적인 책에서 리처드와 그의 공저자들은 미국에서 명문 대학에 들어가는 과정의 하나인 조기 입학에 대해 연구한다. 그들은 조기 입학이 입학 가능성을 높여서 어떤 학생들에게는 혜택을 주지만 모두에게 적합한 것은 아니라고 밝혔다.[77]

어떤 사람들은 고소득 가정에서 출생한 지원자들이 조기 입학을 통해 지원하기 때문에(그들이 필요한 정보와 자원을 더 많이 가지고 있을 가능성이 높기 때문에) 이는 불공정한 혜택을 주는 것이라고 주장한다. 2006년 하버드 대학이 조기 입학을 폐지했을 때 하버드의 전 총장인 데릭 복은 "조기 입학 프로그램은 기득권자에게 이득을 주는 경향이 있습니다."라고 말했다(하지만 이 제도는 나중에 부활되었다).[78]

예일 경영 대학의 교수이자 리처드의 공저자인 배리 날버프는 이질성을 이해하는 것이 어떻게 조기 입학의 공정성 평가에 도움이 되는지 보여 준다.

CASE STUDY

대학 입학에서의 이질성

| 배리 날버프

리처드는 사람들에게 수수께끼 내는 것을 좋아했다. 이 수수께끼들은 단지 뇌 훈련용 연습 문제가 아니라 정책 문제들을 이해할 수 있는 방법이었다. 그의 수수께끼를 풀 수 있는 요령은 흔히 한계 분석과 함께 인구의 이질성을 이해하는 것이었다. 내가 받았던 수수께끼가 특히 기억난다. 그 당시 대학들은 조기 입학의 공정성을 논의하고 있었다. 스탠포드 대학 총장은 조기 입학 학생들의 평균

SAT 점수가 정시에서 입학한 학생들의 점수보다 210점 높다고 분석하면서 조기 입학의 공정성을 옹호했다. 이는 조기 입학으로 합격한 지원자들이 정시 입학으로 합격한 지원자들보다 더 우수함을 의미한다는 것이다.

이것은 타당성 있는 주장인가? 나는 조기 입학 지원자들이 더 나은 입학 상담사와 시험 준비 과정을 갖춘 좋은 학교 출신일 가능성이 높다는 점에 초점을 맞추었다. 따라서 조기 입학 지원자들의 점수는 그들이 타고난 능력보다 더 과장되었을지도 모른다. 리처드는 너무나 복잡한 문제라고 대답했다. 그는 스탠포드 총장의 주장이 오류라는 것을 보여 주는 핵심적인 통찰력을 소개했다. 조기 입학이 공정한지 결정하기 위해서 우리는 조기 입학으로 합격한 최하위 학생이 정시 입학에서 불합격한 최상위 학생보다 우수한지 확인해야 한다. 평균이 아니라 한계에 대해 생각해 보라!

조기 입학생 집단에는 완벽한 SAT 점수를 가진 학생들이 많아서 그들의 높은 평균 점수가 정시에는 불합격했을지 모르는 다른 조기 입학생들의 훨씬 낮은 점수를 가리고 있을지도 모른다. 리처드의 다른 교훈처럼 정답은 명백하지만 단지 결과론에 불과할 뿐이다.

스파이 활동과 전쟁 억제력에 관련된 게임을 주제로 한 연구 논문의 공저자인 야이르 타우만은 이질성이 불완전한 정보와 결합하여 직관에 반대되는 결과를 낳을 수 있다는 데 주목한다.

그는 "러시아는 미국의 기밀 정보 활동을 교란할 수 있는 방법을 많이 가지고 있습니다."라고 밝혔다. 흥미롭게도 어떤 그럴 법한 상황에서는 "러시아가 고의로 덜 효과적인 교란 행위를 선택해야만 합니다. 러시아의 능력에 대한 암시가 더 신뢰할 만하다면 양국은 덜 적대적인 조치를 취할 것입니다."라고 그는 언급했다.[79]

원칙

16

상호 보완성을 이용하라

당신이 여름 테니스 캠프를 운영한다고 상상해 보라. 중요한 투입 자산은 강사와 코트뿐이다. 만약 한 개의 테니스 코트만 가지고 출발한다면 첫 번째 강사의 가치는 높고 (한 개의 코트에 두 명의 강사를 쓸 수 있기 때문에) 두 번째 강사도 여전히 가치가 있기는 하지만 가치가 조금 더 낮을 것이다. 세 번째 강사의 가치는 더 낮아질 것이다. 이제 한 개의 코트가 아니라 두 개의 코트가 있다고 생각해 보라. 갑자기 두 번째 강사를 채용해야 하는 가치가 올라간다. 두 번째 강사는 이제 추가된 코트에서 가르치기 때문에 더 많은 학생들이 테니스 캠프에 등록할 수 있다.

이 상황에서 한 가지 투입량을 늘리는 것(테니스 코트)은 다른 투입량의 증가(테니스 강사)를 가져온다. 다른 측면에서 보면 어떤 시점 이후에는 추가적인 테니스 코트가 없다면 더 많은 강사를 채용하는 것이 큰 도움이 되지는 않을 것이다. 따라서 테니스 코트가 더 많아질수록 추가되는 강사들의 가치는 높아질 것이다.

위의 예에서는 상호 보완성을 통한 자본화의 가치를 설명하고 있다. 코트와 강사는 한쪽의 가치가 다른 한쪽의 활용 가능성에 의존하기 때문에 서로 상호 보완적이다. 세상에는 이러한 상황들이 무수히 많다. 예를 들어 비료의 가치는 농부들이 다른 투입 요소들(종자, 관개, 농작법 등)을 활용할 수 있을 때 더 높아질 것이다. 학교 칠판의 가치는 다른 투입 요소(분필, 교사, 교실 등)의 활용 가능성으로 결정될 것이다.

경제학 용어로 말하면 위에 설명한 상황들은 양의 교차 편도 함수를 보여 준다.[80] 실제로 리처드가 이 원칙을 학생들에게 가르칠 때는 훨씬 더 기술적인 공식인 '양의 교차 편도 함수 활용하기'라고 불렀다.

지적 프로젝트나 사업에서 우리가 협력자를 선택할 때 이 원칙을 주로 적용하게 된다. 리처드가 흔히 주장하듯이 우리는 능력이 자신과 비슷한 사람들을 선발하는 경향이 있다. 결국 우리가 다른 능력을 가진 사람들을 사업에 선택할 때보다 협력의 이익이 훨씬 더 작아진다. 만일 두 명의 엔지니어가 다리의 건설을 계획하고 있다면 세 번째 엔지니어를 팀에 추가하는 것은 건축가나 프로젝트 관리자를 추가하는 것만큼 도움이 되지 않을 것이다.

피터 슈크는 리처드의 공저자이자 과거 룸메이트였고 현재 예일 대학 법대의 명예 교수로, 리처드와 공동 연구에서 이 원칙이 작용하는 것을 보았다. "우리의 첫 번째 공동 연구로서《대중의 관심*The Public Interest*》이란 책에 실린 1970년 논문을 쓰는 동안 나는 리처드의 작업 방식을 잘 알게 되었습니다. 이는 그의 많은 공동 연구에도 적용되었죠. 리처드는 자신이 비교 우위에 있는 아이디어를 낸 후 다수의 다른 프로젝트에 착수하면서 시간이 더 소요되는 아이디어에 살 붙이기 과정 대부분을 공동 저자에게 맡겨 두었습니다." 리처드는 이 견해에 다음과 같이 부연했다. "당신이 경제 이론가라면 같은 이론가보다는 경험론자와 공동 연구를 해야 더 이익을 얻습니다. 마찬가지로, 만일 당신이 아이디어를 내는 데 유능하고 살을 덧붙이는 데 부족하다면 이것을 잘하는 사람과 공동 연구를 해야 합니다."

리처드는 이 원칙을 지키며 혜택을 받은 실존하는 표본이다. 다른 분야에서 연구 경력을 쌓아 온 그의 공동 저자 수는 어마어마하다. 리처드의 예전 학생이자 공저자이며 현재 스비제라 이탈리아나 대학의 금융학 교수이자 유명한 스위스 파이낸스 인스티튜트의 전무 이사인 프랑수아 드조르주는 다음과 같이 말했다. "리처드가 가르쳐 준 가장 중요한 원칙을, 실제로 그는 한 번도 말로는 언급하지 않았지만 항상 실천하고 있었습니다. 즉, 분야, 관심사, 사고방식, 출신 국가, 연령대가 다른 사람들과 관계를 맺어라. 공동 연구를 하는 동안 나는 리처드와 많은 대화를 나눌 수 있는 특권을 즐겼습니다. 우리의 공동 연구에 완전히 집중하면서도 항상 엄청난 숫자의 공동 저자들과 일할 수 있는 그의 능력은 놀라웠죠. 이 재능은 물론 리처드의 지적 능력에서 나왔지만 인간적 교류에 대한 그의 깊은 애정에서 생겨나기도 했습니다."

폭넓게 다양한 사람들과 교류하면서 얻는 이익은 직업적 협력 이상이다. 리처드의 친구이자 하버드 케네디 스쿨 동료인 터렉 마수드는 다음과 같이 다채롭게 묘사했다. "우리의 지도자들과 정부 기관들이 다양성과 포용의 중요성에 대해 깨닫기 훨씬 전에 리처드는 자신과 배경이 매우 다른 사람들을 찾아 우정을 나누는 습관을 가졌습니다. 이 책에 기여한 다양한 사람들이 이를 뒷받침하는 확실한 증거입니다. 이는 또한 아르메니아 의류상, 맨해튼 출신 코트 제작자, 앙숙인 이집트 의사, 인도 브리지 게임 선수 같은 인물들이 그의 개인적인 일화에 등장하는 이유이기도 합니다."

이 원칙은 업무적인 협력뿐만 아니라 개인적인 일에도 적용된다. 리처드의 박사생인 앨리스 히스는 많은 사람들이 궁극적 협력의 방식이라고 생각하는 결혼 생활에서 어떻게 이 원칙을 활용했는지 아래에 설명하고 있다. 리처드의 하버드 케네디 스쿨 학생이자 조교인 타란 라구람은 누구와 협력할지 결정할 때뿐만 아니라 어떻게 협력할지 계획할 때도 이 원칙을 활용한다.

CASE STUDY

결혼 생활에서의 긍정적인 보완

앨리스 히스Alice Heath 하버드 케네디 스쿨에서 공공 정책을 전공하는 박사 과정 학생. 박사 과정 전에는 영국에서 수학 교사로 일했고 미국에서는 주 정부 공중 보건 및 아동 복지 기관과 함께 일했다.

내가 아내가 될 사람을 만나 1년쯤 되었을 때 리처드의 강의를 들었다. 나와 아내는 여러 면에서 완전히 다르다. 아내는 바로 결정하기를 좋아하고 나는 정보를 모아서 충분히 생각해 보기를 좋아한다. 아내는 고기를 좋아하고 나는 채식주의자이다. 아내는 미국 출신이고 나는 영국 출신이다.

처음에는 이 차이점이 꽤 많은 어려움을 초래했지만 리처드에게 교차 편도 함수가 중요하다는 것을 배우고 우리의 차이점을 상호 보완성으로 생각할 필요가 있다는 것을 깨달았다. 디너파티를 열 때 누군가는 맛있는 고기 요리를 할 수 있고 다른 사람은 채소 요리를 멋지게 할 수 있다는 것은 굉장한 일이다. 두 사람 모두 고기 요리만 할 수 있을 때보다 훨씬 더 멋진 디너파티가 될 것이다. 마찬가지로 적절한 상황에서 누군가 신속한 결정을 내리면 다른 누군가는 제대로 분석하고 중요한 결정을 했는지 잠시 멈춰 확인하는 것이 바람직하다.

내게 교차 편도 함수의 정수는 대서양을 가로질러 날아가야 함에도 불구하고 자신과 매우 다른 사람과 결혼한다는 굉장히 멋진 선택이라는 점이다.

CASE STUDY

협력의 개선

타란 라구람

나는 성공적인 협력 모델을 구체화할 수 있는 리처드의 능력을 깊이 존경한다. 그는 자신이 잘 알지 못하는 관심 분야를 파악하고 그의 능력을 보완해 줄 전문가와 함께함으로써 높은 가치를 만들어낼 기회라고 생각한다.

따라서 양의 교차 편도 함수가 물론 중요한 분석 도구이지만 또한 영향력을 주기 위해 보다 겸손한 마음가짐으로 다른 사람들과 함께 일하라는 개인적 동기로도 작용한다.

나는 새로운 아이디어가 있을 때마다 예전처럼 불확실한 '완벽함'을 향해 끊임없이 고심하지 않고 이제 이 원칙을 따르기 때문에 피드백을 훨씬 빨리 구한다. 내 머릿속에서 자주 반복되는 '양의 교차 편도'라는 말은 빨리 더 나은 아이디어를 도출해 낼 수 있도록 나의 자존심을 내려놓고 다른 시각을 찾으라고 일깨워 준다.

나는 이번 학기에 규칙을 정했다. 새로운 아이디어에 대해 한 시간만 생각하고 더 잘 알고 있는 사람과 간단한 이메일이나 짧은 대화를 통해 피드백을 구하기로 했다. 이를 통해 코로나 19 관련 분석에서부터 저널리즘 모델까지 여러 분야의 흥미롭고 다양한 연구를 할 수 있었다.

마지막으로 하버드 대학 경제학과 교수이자 리처드의 동료인 에드 글래서는 이 원칙이 전체적으로 어떻게 사회에 적용되는지 설명한다. 그는 각 개인이 성취하는 많은 일들이 다른 사람들로부터 상호 보완적으로 영향을 받기 때문에 가능하다고 설명한다.

CASE STUDY

도시와 더 넓은 세상에서의 양의 교차 편도 함수

에드 글래서 Ed Glaeser 하버드 대학교 문리대학 경제학 부문 프레드와 일리노어 그림프 교수. 주 정부와 지방 정부를 위한 타우만 센터의 책임자 및 보스턴 라파포트 연구소 소장으로 재직했다.

이 원칙은 절제된 표현이다. 양의 교차 편도는 인간 존재의 특징이다. 우리는 홀로 야생의 어떤 대형 육식 동물에도 제대로 맞설 수 없는 연약한 생명체이다. 우리 개인의 행동은 현재와 역사를 통해 다른 수천 명의 행동에 도움을 받기 때문에 효과적일뿐이다. 내가 쓰는 이 글도 역사를 통해 글자, 컴퓨터, 인터넷, 책 편집 그리고 다른 수많은 활동들을 인류가 만들어 낸 덕분이다. 경제학자로서의 내 영향력은 리처드 잭하우저 교수님 같이 수십 년 동안 알고 지낸 스승과 멘토들 덕분이다.

나의 도시 연구에 따르면, 사람들이 도시 지역에 함께 모여 사는 이유는 양의 교차 편도 때문이다. 같이 행동함으로써 우리는 놀라운 일들을 할 수 있다. 가장 중요한 것은 수많은 협력을 통한 슬기로움으로 아테네의 철학부터 인터넷까지 인류의 위대한 발명품이 탄생했다는 사실이다.

MAXIMS FOR THINKING ANALYTICALLY

5장

열심히 살기

지금까지 당신은 세상을 이해하고 더 나은 개인 및 업무적 결정을 내리기 위해 논리와 명확한 사고를 활용하는 법을 배웠을 것이다. 이전 장에서는 리처드의 예전 학생들과 공저자 그리고 동료들이 어떻게 생각 정리의 원칙들을 개인의 삶에서 활용했는지를 주로 다루었다면, 이번 장에서는 충실한 삶으로 이끄는 보다 더 일반적인 원칙들을 설명하는 데 할애한다.

원칙

17

시기하지 않도록 노력하라

시기는 일곱 가지 죄악 중 하나이기에 많은 영적 또는 종교 지도자들이 시기하지 말라고 경고한다. 《창세기》에는 카인이 시기 때문에 형제인 아벨을 죽였다고 적혀 있다. 하느님이 카인보다 아벨의 희생을 더 마음에 두었기 때문에 카인은 아벨을 시기했다. 마찬가지로 부처님도 "당신이 받은 것을 너무 과대평가하지 말고 다른 사람들을 시기하지 마라. 타인을 시기하는 사람은 마음의 평화를 얻지 못할 것이다."라고 말했다.

시기를 때로는 자연스러운 감정이라고 여기는 반면에 어떤 사람들은 악의적 질투와 선의의 경쟁심을 구별한다. 리처드는 자신의 학생들과 동료들에게 시기하지 말라고 독려한다. 그는

버트랜드 러셀의 "시기는 불행의 가장 큰 원인 중 하나이다"라는 주장에 동의한다.[81]

리처드의 과거 학생이자 현재 스와스모어 대학의 교수인 사이언 바놋은 사회적 비교가 헛수고일 뿐 아니라 매우 해롭다는 것을 일찍이 리처드에게서 배웠다. "만일 우리가 끊임없이 자신의 가치를 주위 다른 사람들의 성과와 비교해서 평가한다면 항상 부족하다고 느낄 것입니다. 언젠가 연구실에서 리처드 교수님과 졸업 논문에 대해 의논하면서, 다른 박사생 동료가 최근에 연구에서 중요한 성과를 올렸는데 나는 조금 정체되어 있다고 말한 적이 있습니다. 나는 이미 절망한 상태였고 이것이 겉으로 그대로 드러났죠. 리처드 교수님은 나를 바라보면서 '네 친구의 성공은 좋은 일이고 너의 성공도 곧 다가올 테니 그 친구에게 맥주 한잔 사라'는 취지의 말씀을 했습니다."

사이언은 다음과 같이 덧붙였다. "그날부터 나와 다른 동료들을 비교하지 않았고 다른 사람들의 성공에 진심으로 기뻐하기 시작했습니다. 이렇게 하자 나는 업무적 일상에서뿐 아니라 개인적인 소통에서도 더 행복해졌죠. 실제로 시기하지 않으면 다른 사람들에게 더 감사할 수 있고 지속적인 우정과 관계를 형성하는 데 도움이 된다는 것을 배웠습니다. 친구들과 가족이 내가 그들의 가장 큰 응원군이고 언제나 그럴 것임을 알아주었으면 좋겠습니다. 모두 리처드 덕분이에요."

리처드는 이 원칙을 모범적으로 보여 주었다. 그의 공동 연구자들은 모두 그가 시간을 내서 조언하고 도와주는 데 얼마나 관대했는지 입을 모아 말했다. 그는 또한 놀라울 정도로 자신의 멘토들에게 겸손했으며 매번 그들의 성공에 대해 조금도 시기하지 않고 오히려 그들의 영향력에 감사했다.[82] 하지만 그가 멘토들에게 부러움을 느끼기는 쉬웠을 것이다. 그의 멘토인 켄 애로와 톰 셸링은 노벨 경제학상을 수상했고, 하워드 라이파는 게임 이론, 의사 결정 분석, 협상 분석 분야에서 선구자로 널리 알려져 있다. 게다가 그의 학생 중 한 명(마이클 스펜스)도 노벨 경제학상을 수상했다. 하지만 리처드는 이렇게 가까운 친구들이 받은 영예를 축하하고 소중히 생각했다.

원칙

18

후회하지 말라

3장에서 우리는 아이폰 보험에 가입하지 않기로 합리적인 결정을 한 몇 개월 후에 핸드폰이 파손되었다고 가정한 예를 살펴보았다. 이 결정은 좋은 결정이 때로는 나쁜 결과로 이어진다는 원칙을 보여 주었다. 이 원칙의 중요한 의미는 의사 결정자로서 잘못된 결과로 이어진 좋은 결정은 후회하지 않아야 한다는 것이다. 이 경우에 당신이 합리적으로 결정했다면(핸드폰이 파손될 확률, 망가지거나 망가지지 않을 경우의 상이한 비용, 당신의 위험 회피 정도 고려) 자신의 결정에 대해 어떤 후회도 없어야 한다. 나타난 결과에 기분이 나쁠 수는 있지만 만약 그 결정이 현명했다면 불행한 결과 때문에 어리석은 결정이 되는 것은 아니다.[83]

“좋은 결정이 나쁜 결과로 이어지더라도 후회하지 마라.”의 다른 의미는 좋은 결과로 이어진 나쁜 결정도 자랑스러워하지 말아야 한다는 것이다. 게다가 나쁜 결정이 나쁜 결과로 이어지더라도 후회에 빠지는 것 역시 바람직하지 못하다. 나쁜 결정에 대해서 반성을 통해 깨닫고 나서 계속 나아가면 된다. 이것이 리처드의 과거 제자이자 싱가포르 소재 벤처 투자가인 잉란탄이 업무에서 지키려고 한 것이다. “벤처 투자가는 오랜 시간 게임을 해야 합니다. 그 과정 속에서 실수가 나오거나 예상대로 되지 않는 경우는 피할 수 없어요. 그렇지만 나는 단 하나의 결정에 실망하지 않는 법을 배웠습니다. 대신에 나는 이 실수를 배울 수 있는 기회로 생각하고 팀과 함께하는 일상적인 훈련으로 받아들였습니다. 후회에 사로잡힐 수 있었던 이런 순간들은 처음에 의심했던 것과 달리 더 큰 통찰력의 원천이 되었고, 앞으로 함께 일할 최고의 기업을 찾기 위해 무엇을 어떻게 진행할지 우리가 계획을 세우는 데 결정적인 역할을 했습니다.”

요약하자면 나쁜 결과가 어떤 결정에서 나왔는지 상관없이 후회는 쓸데없는 감정이다. 당신이 실수를 범했다는 것을 깨닫고 그것을 바로잡기 위해 노력하는 것은 좋은 일이지만 실수에 사로잡혀 후회만 하는 것은 어떤 도움도 되지 못한다. 어쩌면 더 나쁜 경우는 나중에 후회하지 않으려고 지금 차선책을 선택할지도 모른다는 것이다. 아이폰의 예에서, 당신은 합리적이라고 생각해서가 아니라 앞으로 핸드폰이 망가졌을 때 후회의 감정을 피할 수 있기 때문에 보험을 구매하려고 할지도 모른다. 이것은 결정을 내리는 이유로 절대 좋지 않다.

하워드 라이파는 의사 결정 분석을 리처드에게 소개한 이 분야의 거장이다. 리처드는 그에 대한 헌정으로 합리적 의사 결정 이론에 관한 논문을 집필했는데 다음과 같이 적었다. "나는 의사 결정 방식에서 후회를 없애려는 진지한 시도야말로 하워드의 제안대로 실천하면서 의사 결정 분석을 온전히 포용하는 최고의 이점이라고 생각합니다."[84]

후회할 것을 미리 예상하면 정당한 근거가 있는 것처럼 합리적 의사 결정에서 멀어질 수 있다. 여기서 두 가지를 언급할 필요가 있는데 관여 오류에 더 비중을 두는 것과 매몰 비용 오류에 관한 것이다. 후회의 감정은 흔히 아무것도 하지 않을 때보다 의식적인 선택으로 나쁜 결과가 생겼을 때 훨씬 더 강하다. 아마존 주식의 예에서 크리스는 주식을 매도하고 팻은 매수할 뻔했던 것을 생각해 보라. 재정적 비용은 같았음에도 불구하고 크리스의 관여 오류가 팻의 누락 오류보다 훨씬 더 큰 정신적 불안과 자책을 초래했다. 이러한 경향을 보면 우리는 다양한 환경에서 한결같은 입장을 고수하기에는 너무 열정적이다. 따라서 현상 유지 편향 때문에 길을 잃게 된다.

후회 회피는 또한 경제학 입문서의 인기 있는 주제이며 잘 알려진 매몰 비용 오류에 기여한다. 매몰 비용 오류는 당신이 추가 투자를 정당화하기 위해 이전에 자원(시간, 금전, 노력)을 투자했던 사실을 활용할 때 발생한다.[85] 만약 단지 이미 표를 구매했기 때문에 (최악의 날씨이거나 혹은 연극이 혹평을 받았음에도 불구하고) 극장에 가기로 한 계획을 지킨 적이 있다면 이 오류의 희생자가 된 것이다. 또는 당신이 이미 투자를 했기 때문에 바람직하지 않은 투자를 유지(또는 설상가상으로 추가적인 자금을 투입)한다거나, 혹은 당신은 단지 수년 동안 관계를 지속해 왔기 때문에 상황이 악화되었음에도 불구하고 사적인 관계를 유지한다는 등의 예가 여기에 속한다.

매몰 비용 오류의 제물이 되기 쉬운 성향 뒤에는 감춰진 많은 이유가 존재한다. 그중 우리가 잘못된 결정을 내렸을 때 후회하게 될까 봐 두려워하는 것이 중요한 요인 중 한 가지이다. 과거 리처드의 학생이고 브리지 게임의 파트너이자 교수이며 공동 투자자인 마크 톰슨은 이렇게 말했다. "우리는 매몰 비용 오류를 피해야 합니다. 이는 우리가 나쁜 결정을 내린 일이나 이미 했던 일이 헛수고라는 후회를 하지 않으려고 처음에 실망스러웠던 활동이나 투자를 유지하려는 일반적인 성향이죠. 잭하우저의 이 개념은 나와 동료들 그리고 회사가 투자, 집필 프로젝트, 연구 그리고 관계를 어느 정도로 계속 지속해야 하는지 판단하는 데 중요한 가치 기준이 되었습니다.”

원칙

19

멀리 보고 즐거움이 커지는 결정을 하라

과거 리처드의 학생이자 현재 하버드 케네디 스쿨의 동료인 케슬리 홍은 가족과 함께하는 휴가를 좋아한다. 그녀는 아카디아 국립 공원에서 하이킹을 하고 맛있는 음식을 먹으며 역사적 장소 방문 역시 즐긴다. 그녀와 가족들은 휴가 아이디어에 대해 수개월, 때로는 1년 전부터 미리 이야기하면서 이 여행에서 더 많은 즐거움을 이끌어 낸다. 그들은 휴가지에서 음식을 향유하는 자신의 모습을 상상하고 휴가가 어떨지 그려 본다.

흔히 다가오는 휴가처럼 미래의 보상에 대한 기대는 심지어 경험 자체보다 더 흐뭇하다. 이것이 이번 원칙에 숨겨진 아이디어인데 사람들은 기대 효용이라고 이름 지었다. 리처드의 과거 제자이자 많은 테크 스타트업*의 설립자인 크리스 로버트는 이 아이디어를 새로운 단계로 끌어올렸다.

CASE STUDY

기대 효용을 통해 자신의 행복 연출하기

크리스 로버트

나는 케네디 스쿨에 오기 전에 인간의 행복에 대해 연구하고 나 자신의 행복을 조절할 수 있는 기제를 개발했는데, 리처드는 이러한 내 연구를 잘 갈고닦을 수 있게 진심으로 도와주었다. 기대 효용을 갖는다는 아이디어는 매우 유용해서 나는 이제 많은 일들에 대해, 기대하는 데서 얻는 행복이 그 일 자체에서 얻는 행복보다 크다는 것을 인정한다. 간단한 예는 휴가이다. 휴가에 대해 계획하고 꿈꾸면서 몇 개월 동안 행복을 느낄 수 있다. 그러고 나서 막상 그것이 다가오면 정말 빨리 지나간다(그리고 여러 가지 이유로 그렇게 좋지만은 않다). 특히 제대로 이끌어 낸다면 기대가 현실을 능가할 수 있다는 사실을 깨닫고 이 개념을 대부분의 구매에 대입해 일반화해 보았다. 그래서 예를 들어 나는 당장 새 차를 사도 되지만, 일부러 새 차를 사기 전에 손에 닿을 듯한 목표를 정하고 수년 동안 구매를 꿈꾸어 왔다. 나는 새 차 구매를 수년간의 목표를 달성하는 데 대한

* 신기술 기반으로 부가 가치를 창출해 내는 신생 벤처 기업—옮긴이

보상으로 정해 놓았기 때문에 그 최종적인 보상을 누리는 것이 다양한 의미를 갖는다.

마찬가지로 하버드 케네디 스쿨에서 리처드의 동료이면서 옆 사무실을 사용했던 로버트 로렌스는 리처드가 추천해 준 은퇴 투자 전략을 활용하여 좋은 결과를 얻었고 이 원칙을 통해 이러한 좋은 결과의 보상을 기대하며 즐길 수 있었다. 특정한 재무 전략이 누구에게나 적용되는 것은 아니지만 의사 결정 시 장기적인 전망을 고려하는 것은 모두에게 해당된다.

CASE STUDY

은퇴의 기대 효용 높이기

로버트 로렌스 Robert Lawrence 하버드 케네디 스쿨의 국제 무역과 투자 부문 교수. 국제 무역 정책을 전문으로 하는 국제 경제학자이자, 클린턴 전 대통령의 경제 자문 위원회 회원이었으며, 국제 무역 정책을 전문으로 하는 국제 경제학자이다.

대부분의 재무 전문가는 은퇴가 가까워진 이들에게 위험이 낮은 포트폴리오를 준비하라고 조언한다. 공통적인 경험 법칙은 '100의 법칙'으로, 100에서 당신의 나이를 뺀 나머지가 보유해야 할 주식 수이다. 리처드가 내 관점을 바꾸기 전까지 나는 이렇게 생각했었다.

저축을 늘려 가면서 위험을 더 감수해야 할 상황이 있다. 전통적 관점에서 은퇴 저축의 주요 목적은 당신과 배우자가 죽을 때까지 살기에 충분한 돈을 모으는 것이다. 하지만 운이 좋게도 은퇴 후 필요한 자금을 이미 충분히 모은 사람들에게 이것은 심각한 누락이다.

리처드는 자신과 샐리가 충분히 누리고 있다고 생각하기 때문에 다른 원칙을 따르고 있다. 그는 자녀들과 손자들을 위해 투자하고 있다(추가로 자선의 목적). 그는 다른 사람들의 돈을 다루고 있기 때문에 그들의 위험 감수 성향과 시간이 관련되어 있다. 그의 수령인들은 얼마나 상속받을지 모르기 때문에 위험에 대처하기 이상적인 위치에 있다. 그래서 그가 선택한 포트폴리오는 위험 회피에 대해 중간 정도의 주의만 기울여 주식과 몇몇 개인 자산에 비중을 두었다. 이런 자산 보유는 채권보다 단기적으로 위험하지만 장기적으로는 언제나 더 나은 금융 수익을 제공한다. 샐리와 리처드의 상속인들은 더 잘해야 하지만 그렇지 못하더라도 여전히 샐리와 리처드가 그들을 애틋하게 생각했음을 알 것이다. 그들의 자선 단체들도 이 투자 전략으로 혜택을 받을 것이다.

리처드의 영향으로 나도 이 투자 은퇴 전략을 활용했는데 궁극적으로 내 자녀들과 손자들이 재정적인 혜택을 받을 것이고, 나는 남은 여생 동안 그들이 받을 혜택을 기대하면서 즐길 것이다.

이 원칙에 따르면 다가오는 기쁜 일에 대해서 오랫동안 자주 생각할 수 있지만 다가올 부정적인 일을 오래 자주 생각하는 것은 피해야 한다. 예를 들어 열흘 뒤에 대장 내시경 검사가 있다면 매일 예상하면서 깊이 생각하는 것은 피하라!

당신은 다가오는 좋은 일을 생각하면서 기쁨을 느끼듯이 과거에 즐거웠던 일을 기억하면서 즐길 수 있다. 예전 하버드 케네디 스쿨의 동료이자 공저자이며 현재 버지니아 대학의 법학 교수인 프레데릭 쇼어는 이러한 주장을 펼친다. 즉 당신이 이미 한 결정에 대해서 '즐거움(그리고 효용)'을 극대화하도록 노력하라며 다음과 같이 말한다. "의사 결정에 관한 많은 연구 논문은 최고(그리고 효용의 극대화)의 결정을 내리는 것에 집중합니다. 이때 리처드가 말하는 부수적인 개념은 이미 내린 결정의 만족과 효용도 극대화하려고 노력해야 한다는 것이죠. 만약 당신이 불쾌한 대화 중이거나 맛없는 음식을 억지로 먹어야 하거나, 지루한 연극이나 콘서트, 영화를 그만 볼 수 없는 상황이라면 리처드의 원칙은 그것에 나름대로 최선을 다해야 한다고 알려 줄 것입니다. 그리고 만약 즐거운 대화를 나누거나 맛있는 식사 중이거나 좋은 콘서트를 관람한다면 함께 경험하면서 얻는 즐거움을 만끽하기 위해 당신 자신과 일행에게 얼마나 좋은지 표현하라고 리처드의 원칙은 말합니다."

비슷한 예로 하버드 대학 학장인 앨런 가버는 40여 년 전에 노벨상 수상자 켄 애로와 리처드가 함께한 저녁 식사에서 나눈 대화를 기억한다. 우리가 이미 내린 결정에서 가치를 찾아내는 법에 대한 아이디어를 다루면서, 특별하지만 매우 비싼 식사에 돈을 많이 쓰는 것이 합리적인지에 대해 대화를 나누었다. "켄과 리처드는 모두 최고의 경험을 믿고 있었습니다. 그들은 매우 맛있고 비싼 음식을 경험하는 것은 매우 특별하기 때문에 아주 오랫동안 기억에 남을 것이고, 이 경험으로부터 얻은 효용과 그에 따른 지출의 가치를 평가할 때 고려할 필요가 있는 일이라고 했죠."[86]

마지막으로 당신의 행복을 높여 줄 한 가지 습관은 일단 결정을 내리면 당신이 내린 결정에 유리한 정보들을 수집하고 (결정을 한 후에) 긍정적인 생각만 하는 것이다. 예를 들어 어떤 대학에 가기로 결정했다면 그 대학이 제공하는 모든 좋은 점들(당신의 관심 분야를 연구 중인 교수진, 대학이 조성할 수 있는 공동체의 성격 등)을 찾아내려고 노력하고 대학의 단점(맛없는 교내 식당, 비싼 기숙사비 등)에는 크게 신경 쓰지 않도록 노력해야 한다.

마찬가지로 당신은 처음 내린 결정의 가치를 높일 수 있는 부수적인 결정을 할 수 있다. (하지만 결정을 할 때 매몰 비용 오류에 빠지지 않도록 주의하라.) 리처드는 "올바른 결정을 하도록 노력하세요. 그러고 나서는 올바른 결정이 되도록 만드세요." 하고 폴 레스닉에게 조언했다. 현재 미시간 대학의 교수이자 부학장인 그는 교직 경력 초기에 버클리 대학과 미시간 대학 그리고 케네디 스쿨의 교수 임용 기회 중에 선택해야 했다. 폴은 자신의 이러한 결정을 돌아보면서 다음과 같이 말했다. "23년 후 나는 아직도 미시간 대학에 있습니다. 그동안 나는 최초의 결정이 가진 효용을 높이기 위해 다양한 부수적인 결정을 내렸죠. 이곳에 온 후 첫 2년 동안은 우리가 선택한 미시간주를 파악하기 위해 아내와 함께 자전거로 반도의 북쪽 지역을 돌아보고 다른 교수와 함께 5일 동안 버스 여행을 다녔습니다. 나는 많은 사람들의 멘토였던 마이클 코헨의 옆 사무실인 점을 십분 활용하여 그를 자주 방문했고, 리처드의 옆 사무실이 아닌 점을 보완하기 위해서 적어도 일주일에 한 번은 보스턴으로 비행기를 타고 날아가 리처드와 협업했습니다. 아내와 나는 10년 전 사무실에서 걸어갈 수 있는 거리에 있는 강가의 집을 샀는데, 버클리와 케임브리지였다면 절대 불가능한 생활 방식이었습니다."

MAXIMS FOR THINKING ANALYTICALLY

6장

원칙을 삶에 더하기

지금까지 언급된 분석적 사고의 원칙들을 통해 세상을 더 잘 이해하게 되었기를 바란다. 이제 우리는 더 분석적으로 생각할 수 있는 여정의 다음 단계에 대해 알아보고자 한다. 삶에 더해지면 좋을 몇 가지 아이디어와 함께 실제로 분석적 사고를 훈련하는 방법을 소개한다. 이 몇 가지 원칙을 삶에 적용하는 간단한 변화를 통해 우리는 좀 더 현명한 결정을 내리고 더 나은 삶을 살 수 있을 것이다.

생각 정리
01

간단하지만 중요한 삶의 원칙들

세상에는 알고 싶지 않은 사실도 있다

리처드가 결혼한 지 얼마 안 되었을 때, 처음 보는 가구가 집에 도착한 것을 보았다. 리처드는 "이 가구 얼마죠?"라고 샐리에게 물었다. 샐리는 "몰라도 돼요."라고 대답했다.[87] 리처드는 더 이상 묻지 않았다. 그와 샐리는 알면 기분 나빠질 수 있는 사실은 모르고 넘어가기로 원칙을 세웠고, 이를 수도 없이 활용했다. 그는 사실상 부부 싸움이 없던 결혼 생활이 이 덕분이라고 생각한다. 언제나 정보를 탐색하는 분석적이고 합리적인 사람이 이렇게 의도적으로 알려고 하지 않는 접근법을 취한다는 것이 나에겐 당황스러운 일이었다. 시간이 지나고 나서야 나는 이 원칙이 얼마나 현명한 방법인지 깨달았고 아내와 아이들에게도 종종 활용한다. 이는 우리 가족의 삶에 매우 긍정적인 영향을 주었다.

단점에만 집중하면 언제나 실망한다

중동 정책을 전공하는 리처드의 동료인 터렉 마수드는 이 원칙을 제안했는데 이는 리처드가 몸소 보여 준 삶의 방식이었다. "리처드는 내가 만난 사람 중에 가장 관대하고 편견 없는 사람 중 한 명입니다. 예를 들어 나는 항상 늦는 편이에요. 점심 약속, 농구 경기, 심지어 나를 축하하려고 그가 열었던 파티에조차 늦었었죠. 그런데 그는 선을 절대 넘지 않았고, 나의 단점이 아닌 장점에 더 집중하는 모습을 보여 주었어요."

동시에 발생하지 않는 상호 작용을 실천하라

리처드와 함께 연구 논문을 공동 저술한 윌리엄 사무엘슨은 보스턴 대학의 교수이다. 그는 리처드의 관대함 뒤에 숨겨진 원칙에 대해 다음과 같이 이야기했다. "수년 전에 리처드와 나는 비용 편익 분석의 맥락에서 호의를 베푸는 것에 대해 이야기하고 있었습니다. 내 기억에 리처드는 다른 사람에게 주는 편익이 호의를 베푸는 비용보다 클 것 같다고 예상되면 다른 사람을 위하는 일(심지어 요청하지 않은 일)에 절대로 주저하지 말아야 한다고 했습니다. 훗날 순수한 호의를 받은 이가 보답할 수도 있고, 또 조건 없이 건넨 호의를 다른 사람에게 돌려줄 수도 있습니다. 호의의 순환을 만드는 것은 모두에게 좋은 일입니다. 호의에 대한 상호 작용이 당장 동시에 일어나지는 않더라도, 미리 선의를 베풀면 언젠가의 상호 작용으로 이어질 수 있다는 거죠. 우리 모두 이것을 실천으로 옮겨야 합니다."

생각 정리
02

원칙을 지키며 살기

여기까지 읽는 동안, 당신이 세상을 더 잘 이해하고 현명한 결정을 내리며 더 충실하게 사는 데 도움이 될 몇 가지 원칙들을 자신의 분석 도구에 추가했기를 바란다. 리처드의 생각 정리법을 되짚어 보자.

—

당신이 명확하게 생각하기 어려울 때는 극단적이거나 단순한 상황을 고려해 보라. 이렇게 하면 자주 앞으로 나아갈 수 있는 통찰력을 얻게 될 것이다. 일반적으로 문제의 핵심을 잃지 말고 가능한 단순하게 만들어라. 하지만 문제를 단순히 줄이기만 해서는 안 된다.

세상은 당신이 생각하는 것보다 훨씬 더 불확실하다. 당신이 내리는 거의 모든 중요한 결정은 불확실성의 얼굴을 하고 있다. 따라서 확률적 사고를 배우는 것(다양한 상황에 대한 주관적인 확률을 평가하고 이 확률을 새로운 정보로 계속 업데이트하는 것)은 중요한 삶의 기술이다.

불확실성으로 인해 어떤 좋은 결정들은 나쁜 결과를 초래할 것이다. 실제로 어떤 결정에는 절대 좋은 결과가 따라오지 않는다. 당신이 할 일은 그래도 제일 덜 나쁜 결과가 나올 것 같은 선택을 하는 것이다. 또한 당신의 태만에서 오는 실수(누락 오류)보다 행동에서 초래된 실수(관여 오류)를 더 부정적으로 보려 하지 마라. 이 두 가지 유형의 오류는 똑같이 나쁘고, 중요한 것은 원인이 아니라 그로 인한 결과이다.

정책을 이해하는 데 중요한 세 가지 개념 중 장제법(투입 대비 산출)은 우열을 가리기 힘든 정책 선택 사항 중에서 결정하는 것을 도와줄 수 있다. 탄력성(다른 항목의 수량 변화에 따른 해당 항목의 수량 변화)은 한계에 대해 생각할 수 있게 해 주는데, 이는 좋은 결정을 내리는 데 결정적인 역할을 한다. 집단의 전체적인 유형을 더 잘 이해하기 위해서는 모집단의 하위 집단을 보라.

—

보다 더 충실하게 살기 위한 세 가지 아이디어를 기억하라. 시기하지 않도록 노력하라. 당신의 즐거움을 줄이고 나쁜 결정으로 이끄는 후회의 해로운 감정을 없애기 위해 최선을 다하라. 기분 좋은 경험에 대해 자주 기대하고 회상하면서 즐거움을 키울 수 있음을 기억하라.

분석적으로 생각하는 것은 지속적인 것이다. 나는 이 책이 당신이 앞으로 더 분석적으로 생각하는 데 도움이 되길 바란다. 그러기 위해 도움이 될 만한 몇 가지 훈련들을 소개한다.

—

다음 달에 특별히 주의를 기울일 만한 원칙을 서너 가지 정도 정해 보자. 각 항목마다 다음을 설명하는 문장들을 간략히 적어 보라.

- 이 원칙을 과거의 개인적 또는 업무적 영역에 적용시킨다면 무엇이 바뀔 것인가
- 미래의 상황에 이 원칙을 어떻게 적용할 수 있는가
- 이 원칙을 기억하게 해 줄 책 속 사례에는 어떤 것이 있는가

—

당신이 적은 대답을 검토할 수 있도록 다음 5주 동안 매주 달력에 표시하라.

—

경험을 나누거나 다른 사람들이 원칙을 어떻게 활용하는지 알고 싶다면 다음의 방법을 참고할 수 있다.

- 당신의 사연을 http://bit.ly/submit-mta에 제출할 수 있다. 당신의 동의하에 제출한 것들 중 몇 가지는 공개될 것이다.
- #ThinkingAnalytically를 사용하여 트윗하라.

—

더 분석적으로 생각하기 위해 자신만의 원칙을 적어 보라.

당신이 분석적으로 생각하는 데 도움이 될 나의 마지막 조언은 단 하나의 근본적인 원칙으로 정리할 수 있다. 리처드처럼 생각하라. 당신의 삶과 세상은 더 나아질 것이다.

생각 정리의 핵심

분석적 사고를 위한 원칙

1. 명확하게 생각하기

- **원칙 1** 극단적 상황을 가정해 보라
- **원칙 2** 단순한 상황을 가정해 보라
- **원칙 3** 복잡성을 핑계 삼지 말라
- **원칙 4** 일상의 유사한 상황을 먼저 떠올려 보라

2. 불확실성 고려하기

- **원칙 5** 세상은 생각보다 훨씬 더 불확실하다
- **원칙 6** 세상을 확률적으로 바라보라
- **원칙 7** 불확실성은 현재 상황과 밀접하다

3. 의사 결정하기

- **원칙 8** 좋은 결정도 가끔 나쁜 결과를 초래한다
- **원칙 9** 어떤 결정은 나쁜 결과를 초래할 확률이 높다
- **원칙 10** 관여 오류는 누락 오류와 동일하게 반영해야 한다
- **원칙 11** 앞에 놓인 선택 사항만으로 제한하지 마라
- **원칙 12** 선택을 바꿀 수 있는 정보만이 가치 있다

4. 정책 이해하기

- **원칙 13** 장제법은 가장 중요한 정책 분석 도구이다
- **원칙 14** 탄력성은 삶의 중요한 일들을 이해하는 강력한 도구이다
- **원칙 15** 이질성은 많은 현상을 설명한다
- **원칙 16** 상호 보완성을 이용하라

5. 열심히 살기

- **원칙 17** 시기하지 않도록 노력하라
- **원칙 18** 후회하지 말라
- **원칙 19** 멀리 보고 즐거움이 커지는 결정을 하라

감사의 말

이 책이 나오도록 도움을 준 사람들에게 감사를 전하고 싶다. 리처드 잭하우저 교수 수업의 조교인 하버드 케네디 스쿨 박사 과정생 앨리스 히스는 이 책의 각 장마다 통찰력 있는 의견을 주고 내가 생각을 잘 정리할 수 있도록 도왔다. 덕택에 비전문가인 독자들도 좀 더 잘 이해할 수 있는 책을 만들 수 있었다. 미리엄 애빈스는 책을 매우 훌륭하게 편집하고 그 과정에서 사려 깊은 파트너가 되어 주었다. 빅토리아 바님은 집필 과정에서 조사를 돕고 출판 절차를 살펴보는 등 다양한 방법으로 지원하면서 나에게 글 쓰는 시간을 벌어 주었다. 루스 휘테와 바네사 레비는 이 책의 디자인에 막대한 공헌을 했다.

리처드의 모든 공저자, 동료, 학생들에게 감사를 전하고 싶다. 그들은 리처드의 원칙들을 사적, 업무적 일상에서 어떻게 활용했는지 실제 사례와 짧은 일화를 제공하여 이 책의 완성에 도움을 주었다. 그런 면에서 보자면 그들 모두가 이 책의 공저자이기도 하다.

리처드는 아이디어를 형성하고 세상을 더 명확하게 보는 데 도움을 준 사람들을 자주 찾아낸다. 그중 어떤 사람들은 이 책에 직접 기여했다. 몇몇은 더 이상 살아 있지 않지만 그들의 아이디어는 남아 이 책에 담겼다. 특별히 리처드의 멘토인 켄 애로, 프레드 모스텔러, 하워드 라이파, 톰 셸링을 기린다. 이분들은 자신의 분야에서 대가일 뿐 아니라 세상을 바라보는 틀을 깨버린 사람들이다. 리처드는 자신에게 생각하는 법을 알려 준 그들에게 공을 돌린다.

연구, 조언, 통찰, 핵심 정보 제공, 격려를 통해 도움을 준 개비 알칼라, 조시 부킹, 아카시 딥, 마크 페건, 마리아 플래너건, 데이비드 프랭클린, 카트리 그래피, 메이 클링거, 아리 레비, 앨리슨 핑그리, 미겔 엔젤 산토스, 캐롤린 우드, 웬디 와이어트 등 모든 분들께 감사드린다.

이 책과 관련해 내가 생각하는 방식에 영향을 주어 간접적으로 기여한 알베르토 아바디, 아서 애플바움, 크리스 에이버리,

메리 조 베인, 다니엘 베나타, 조 블리츠타인, 아이리스 버넷, 조나단 보르크, 필리페 캄판테, 수잔 쿠퍼, 요릿 드 종, 피나 도간, 잭 도나휴, 수잔 다이너스키, 그렉 덩컨, 데이비드 엘우드, 덕 엘멘도르프, 마크 페건, 캐롤 핀니, 제프 프랭켈, 존 프리드먼, 아르콘 펑, 앨런 가버, 스티브 글래이저먼, 레이첼 글레너스터, 스티브 골드스미스, 토니 고메즈 이바네즈, 조시 굿맨, 스튜어트 게리, 존 헤이그, 레마 한나, 리카르도 하우스만, 앤드류 호, 다니엘 호즈만, 케슬리 홍, 데보라 휴즈 헬릿, 앤더스 젠센, 톰 케인, 펠리페 캐스트, 아심 콰자, 개리 킹, 스티브 코작, 마시에 코토우스키, 마이클 크레머, 로버트 로렌스, 제니퍼 러너, 제프 리브만, 딕 라이트, 에르조 루트머, 브라이언 만델, 누노 마틴즈, 재니나 마투제스키, 에릭 마저, 놀란 밀러, 프란시스코 모날디, 마크 무어, 후안 네이겔, 짐 올스, 롬 올슨, 로히니 판디, 란트 프리쳇, 후안 리베로스, 크리스 로버트, 대니 로드릭, 소로시 사가피안, 파울로 산티아고, 미겔 산토스, 말콤 스패로우, 롭 스타빈스, 페데리코 스투제네거, 아빈드 수브라마니안, 카티 수브라마니안, 데티 스보로노스, 모쉬크 템킨, 마이크 토펠, 어네스토 빌라누에바, 로드리고 바그너, 스티브 왈트, 줄리 윌슨, 조시 야들리, 안드레스 잘러 등 많은 동료들에게 감사드린다.

무엇보다 리처드 잭하우저에게 감사한다. 그는 이 책에 아이디어를 제공하는 것 이상으로 훨씬 더 큰 도움을 주었다. 그는 공들여 각 장을 두 번씩 검토하고 내 사고와 이 책을 개선한 수많은 제안을 했다. 또 여러 번의 영상 통화를 하면서 내게 통찰력과 격려를 보내고 기쁨을 선사했다. 게다가 그는 매우 훌륭한 멘토였다. 잭하우저는 개인적이거나 업무적 결정에 필요한 현명한 조언을 해 주었고, 여러 면에서 내 삶에 행복을 가져다 주었다. 나는 그에게 많은 빚을 지고 있는 느낌이다. 그의 지혜와 관대함에 많은 도움을 받은 모든 이들을 대신해서 이 책으로 그에게 찬사를 바친다.

댄 레비

매사추세츠 케임브리지
2021년 6월

주석

1 이 문제의 정답은 그들이 같이 일하면 1시간 12분이 걸린다이다. 메리는 한 시간마다 방의 2분의 1을 칠하고 짐은 한 시간마다 방의 3분의 1을 칠한다. 따라서 둘을 합친 속도는 한 시간당 방의 6분의 5를 칠하는 것이다(1/2+1/3). 이것은 그 방을 칠하는 데 5분의 6시간이 걸린다는 것을 의미하며 이는 곧 1시간 12분이다. 그런데 현실은 그렇지 않다. 만약 함께 일하면서 얻거나 잃는 것이 있다면 (예를 들어 그들이 서로 돕거나 방해하기 때문에) 실제 정답은 교과서의 정답보다 더 낮거나 높을 것이다. 흔히 비슷한 문제를 가급적 친숙한 다른 상황에서 생각해 보는 것이 도움된다. 예를 들어 마사와 조가 운전하는 상황을 생각해 보라. 마사는 2시간 동안 100마일을 갈 수 있다. 조는 3시간 동안 100마일을 갈 수 있다. 만약 두 사람이 운전하고 간다면 100마일을 가는 데 얼마나 걸릴까? 우리는 시간당 마일의 관점에서 생각하는 데 익숙하기 때문에 문제는 간단해 보인다. 마사는 시간당 50마일의 속도로 운전하고 조는 시간당 33.33마일의 속도로 운전한다. 같이 운전하면 그들은

시간당 83.33마일로 간다. 따라서 이렇게 하면 그들은 100마일을 가는 데 1과 5분의 1시간 또는 1시간 12분이 걸릴 것이다.

2 사람들이 한계 소비 성향을 생각할 때 가장 어려운 점은 한계가 무엇을 의미하는지 이해하는 것이다. 이것은 마지막 단위량의 변화에 따라 어떤 일이 발생하는지 보는 것이다. 경제학자들은 한계적 사고가 특별한 가치가 있다고 생각한다. 따라서 그들은 기업의 생산에 관한 한계 비용과 개인적인 시간의 한계 분배에 대해 이야기한다. 우리는 한계적 사고에 대해 4장에서 더 자세하게 살펴볼 것이다.

3 이 이야기의 영감은 배리가 자신의 학생(세스 골드만)과 설립한 병입 유기농 차 제조사인 어니스트 티에서 가져왔다. 코카콜라가 나중에 이 회사를 사들였다.

4 카렌은 잭 도나휴와 함께 2021년 《용, 독수리, 그리고 민간 부문*The Dragon, the Eagle and the Private Sector*》을 출간했다. 이 공동 작업은 4장에서 논의될 상호 보완성을 자본화하는 원칙을 반영하고 있다. 이 책은 중국과 미국에서의 공공 및 민간 부문 협력을 기술하고 있다. 카렌은 중국어에 능통하고 중국에 대해서도 잘 알고 있지만 리처드와 잭은 중국에 대해서 거의 모르고 중국어는 사실상 전혀 못한다. 결국 카렌의 특별한 재능으로 이 책을 출판할 수 있었다.

5 신시아 헤이븐, "스탠포드 경제학자: 우리는 어떻게 '보이는 데까지 적자의 길에서 벗어났는가?'" 2011년 8월 2일. https://news.stanford.edu/news/2011/august/shoven-debt-qanda-080211.html.

6 조나단 K. 넬슨과 리처드 잭하우저, 《후원자의 지불: 이탈리아 르네상스 미술에서 눈에 띄는 커미션*The Patron's Payoff: Conspicuous*

Commissions in Italian Renaissance Art》(프린스턴: 프린스턴 대학 출판부, 2004). 그들의 두 번째 저서는 《르네상스 미술의 위험한 사업*The Risky Business of Renaissance Art*》이다.

7 물론 잉란이 알고 있듯이 최악의 상황 분석이 당신의 지침이 되어서는 안 된다. 오히려 그것 때문에 흔히 추가로 해야 할 일을 피할 수 있다. 만약 가장 어려운 스트레스 테스트에서 실패한다면 당신은 단순히 그만두지 않는다. 그 후에도 발생 가능한 결과를 확률로 예측하고 각각의 중요성에 따라 비중을 정하는 어려운 문제에 대처한다. 이 부분에 대한 자세한 내용은 2장과 3장을 참조하라.

8 두 권의 책은 존 D. 도나휴와 리처드 잭하우저의 《협력적 관리: 혼란의 시기에 공공의 목표를 향한 개인의 역할*Collaborative Governance: Private Roles for Public Goals in Turbulent Times*》(프린스턴: 프린스턴 대학 출판부, 2011)과 존 D. 도나휴와, 리처드 잭하우저, 카렌 이글스턴의 《용, 독수리, 그리고 민간 부문: 중국과 미국의 공공 및 민간 부문 협력》(케임브리지; 뉴욕, NY: 케임브리지 대학 출판부, 2020)이다.

9 KISS는 1960년 미국 해군이 정한 설계 원칙인데 대부분의 시스템은 복잡하게 만들어지기보다 단순할 때 가장 잘 작동하며, 따라서 단순성이 설계의 주요 목적이고 불필요한 복잡함은 피해야 한다는 내용이다. 이 문구는 항공기 엔지니어인 켈리 존슨과 관련 있다. 오컴의 면도날 또는 절감의 법칙은 '실체는 필요 없이 늘어나서는 안 된다'거나 '제일 단순한 설명이 일반적으로 옳다'라는 문제 해결 원칙이다. 이 아이디어는 영국의 프란시스코 수도사 윌리엄 오컴(1287~1347)이 주창한 것으로 그는 성스러운 기적의 개념을 옹호하기 위해 단순성을 선호했던 스콜라 철학자이자 신학자이다. 이 철학적인 면도날 법칙은 같은 예측을

하는 대립적인 가설이 제시되었을 때 최소한의 가정을 가진 해결책을 선택해야 한다고 주장하고 있다. 그러나 서로 다른 예측을 하는 가설들 중에 선택하는 경우 이것은 올바른 방법이 아니다.

10 리처드는 이 분야에서 자신의 멘토 하워드 라이파가 얼마나 많은 사람들의 연구에 영향을 주었는지를 고려해 볼 때 그를 자주 게임 이론과 의사 결정 분석의 '조니 애플시드'라고 칭한다. 조니 애플시드는 미국의 개척자 역할을 한 묘목 업자였는데 여러 중서부 주들에 사과나무를 들여왔다. 그는 따뜻하고 너그러운 태도와 대화의 리더십 그리고 사과에서 기인한 그의 상징적 중요성으로 미국의 전설이 되었다.

11 상을 받은 애로의 연구는 시장 청산 균형의 존재를 보여 주고 있다. 이것이 존재한다는 사실이 구매자에게 그리 놀라운 일은 아니다. 그러나 애로는 모두가 이미 이해하는 타당한 조건이면 그 존재를 확신할 수 있다고 보았다. 그는 불가능성 정리에 관한 자신의 유명한 연구에서 실현 가능하고 바람직해 보이는 결과가 언제나 그렇지만은 않다는 것을 반대로 보여 주었다. 이 심오한 정리를 통해서 개인들이 투표를 거쳐 집단으로 결정하는 대의 정치의 다섯 가지 합리적인 목표가 만족스러운 결과를 보장하는 것은 아님을 알 수 있다.

12 2015년 마침내 컴퓨터가 2,500년 역사를 가진 보드게임 바둑의 유럽 챔피언 판후이를 이겼다. 바둑이 극도로 복잡해서 컴퓨터가 학습하기에 어려운 점을 고려할 때 이것은 인공지능에 있어 커다란 업적이 되었다. 자세한 내용은 https://www.scientificamerican.com/article/computer-beats-go-champion-for-first-time/를 참고하라.

13 이 경우 모델을 해결하면 좋은 운행('복숭아'라 칭함)의 나쁜 운행('레몬'이

라 칭함)에 대한 비율이 모든 운행을 수락한 운전기사들의 일부분이라는 것을 깨닫게 된다. 이 단계에서 그는 이 장의 초반에 나오는 극단적 상황 가정의 원칙을 적용한다. "내가 이에 대해 더 생각해 볼수록 타당성이 있어 보입니다. 만약 모두가 까다롭다면 복숭아의 레몬에 대한 비율은 0으로 모두 레몬이라는 뜻이죠(왜냐하면 언제나 운전기사들 모두 그들을 거절하기 때문입니다). 만약 복숭아/레몬=1이라면 아무도 까다롭지 않아서 어떤 레몬도 거절하지 않기 때문에 당연히 두 운행은 똑같을 가능성이 높습니다. 여기서 주의할 점은 내가 모든 운전기사가 까다롭거나 까다롭지 않다는 극단적인 경우를 가정한다는 것입니다."

14 크리스토퍼 에이버리, 앤드류 페어뱅크스, 리처드 잭하우저, 《조기 입학 게임: 엘리트에 합류하기*The Early Admissions Game: Joining the Elite*》(케임브리지: 하버드 대학 출판부, 2004).

15 이것은 모든 모델이 단순해야 한다는 의미는 아니다. 리처드는 "적절한 단순화는 모델링의 위대한 예술과 같다."라고 말했다. 리처드의 공저자이고 취리히 대학의 포트폴리오 운영 센터장인 알렉산더 지글러가 다음과 같이 말했다. "리처드에게 기대하는 것처럼 이 문장은 8개의 단어보다 더 많은 의미를 담고 있습니다. 첫 번째 두 단어는 대부분의 모델링 연습에서 필요한 균형을 구체화하고 있죠. 너무 지나친 단순화는 모델에서 연구 중인 현상의 주요 원인을 제거할 것입니다. 너무 부족한 단순화는 모델을 해결 불가능하게 할 가능성이 높습니다. 따라서 원칙이 예술의 관점에서는 보수적으로 보이지만 예술 그 이상을 의미합니다. 적절한 단순화는 모델링에서 제일 중요한 요소이고 이 원칙은 모델을 판단하는 유용한 기준을 제공하죠. 신문을 읽고 세미나나 회의 발표를 들을 때 이것은 훌륭한 지침이 됩니다."

16 의사 결정 학술 논문에서 이것은 손잡이가 두 개인 슬롯머신 문제라고 알려져 있다. 손잡이가 한 개인 슬롯머신이 두 개 있다. 이것들은 토큰을 넣고 손잡이를 당겼을 때 운이 좋으면 보상을 받는 도박 기계이다. 두 개의 슬롯머신에서 나오는 보상은 다르나 액수는 알려져 있지 않다. 당신은 1,000개의 토큰을 사용할 수 있고 받은 금액은 모두 가질 수 있다. 당신은 어떤 슬롯머신으로 할지 결정해야 한다. 처음에는 경험이 거의 없어서 만약 결과가 아주 나쁘지 않다면 한 슬롯머신을 버리고 다른 슬롯머신을 선택할 필요는 없다.

17 이 비유는 프로그램 평가에서 더 복잡한 개념을 설명하는 데 사용할 수 있다. 예를 들어 소액 금융 프로그램의 지원을 받았던 사람들과 비슷한 특성을 가진 사람들을 비교하는 것이 왜 문제가 되는지 이해하려고 노력할 때, 우리는 이것이 비슷하게 생겼지만 똑같지는 않은 두 종류의 사과를 비교하는 것과 유사하다고 할 수 있다. 예를 들어 안이 썩었거나 맛이 좋은지처럼 어쩌면 두 종류 간에 우리가 보지 못한 차이점이 있을지도 모른다.

18 무작위 대조 시험에 대한 비판이 없는 것은 아니다. 우리는 무작위 대조 시험과 그 한계점에 대해 2장에서 간략하게 이야기한다.

19 이 결과에 대한 확실한 행태적 설명은 리처드 연구와 강의의 또 다른 중심 주제이다. 하버드 대학에서는 트럼프보다 클린턴에 대한 지지가 압도적이었다. 예측 시장과 국내 설문 조사 결과와 반대로 사람들은 주로 그들이 관찰할 수 있는 것들에 근거하여 확률적 판단을 내렸다. 이 현상은 처음에 심리학자인 아모스 트버스키와 다니엘 카네만에 의해 확인되었는데 가용성 추단법의 한 예이다. 쉽게 떠올릴 수 있는 사건을 '이용 가능한'이라고 칭한다. 이용 가능한 사건은 트럼프와 클린턴의

사례처럼 판단에 영향을 주어 상당히 불균형적인 역할을 한다.

20 "확실성은 환상이다."라는 표현은 그레드 지저렌저, 《위기에 대한 요령: 좋은 결정을 내리는 방법*Risk Savvy: How to Make Good Decisions*》(이스트 루서포드: 펭귄 출판사 그룹, 2014)에서 차용되었다.

21 애나 드레버, 데이비드 G. 랜드, 닐스 워너펠트, 저스틴 R. 가르시아, 미겔, G. 빌라, 코지 럼, 리처드 잭하우저. '다른 영역에서 도파민과 위기 선택: 진지한 토너먼트 브리지 게임선수들 간의 발견Dopamine and Risk Choices in Different Domains: Findings Among Serious Tournament Bridge Players.' 위험과 불확실성 학술지, 43, no. 1(2011): 19-38.

22 흥미롭게도 당신이 일어나지 않을 것 같다고 생각한 결과를 목격하게 될 확률은 상황에 따라 다양하다. 테니스의 경우를 생각해 보라. 소수의 선수들이 이 운동을 주도하고 있어서 만약 시드를 배정받지 못한 선수가 윔블던에서 우승한다면, 당신은 놀랄 것이다. 실은 이런 경우가 남자 토너먼트 역사에서 단 두 번 있었다(1985년 베커와 2001년 이바니세비치). 이 사실을 미국의 대통령으로 선출된 사람들과 비교해 보라. 대부분의 사람들이 30세에는 미국 대통령이 될 가능성이 희박하다. 30세에 미래의 대통령이 될 확률이 100분의 1보다 높았던 (조 바이든이나 조지 부시 같은) 사람들이 몇 명 있었다. 그러나 수십 명, 아마도 수백 명의 더 많은 사람들이 100분의 1보다 훨씬 낮은 확률을 가지고 있다. 우리가 이 모든 작은 확률들을 더하면 그것들이 어쩌면 대통령이 될 확률의 50퍼센트 이상을 설명해 줄 수도 있다. 따라서 그들 중 어떤 특정인이 대통령이 될 확률은 100분의 1이지만 그 큰 그룹에서 누군가가 대통령이 될 확률은 아닌 경우보다 훨씬 높을 것이다. 리처드는 아이젠하워 현상이라고 부르는 일반적인 오류에 반박하기 위해서 이 낮은 확률

이지만 많은 참가자의 분석법을 채택했다. 드와이트 데이비드 아이젠하워는 21세의 나이에 고등학교를 졸업한 후 평범한 직업을 가지고 2년을 일하다 웨스트포인트 사관 학교에 입학했다. 그는 24세에 평범한 학업 성적과 징계라는 오점을 가지고 웨스트포인트를 졸업했다. 그런데 24세로 동갑인 리처드의 학생이 "24세의 나이에 나는 모든 면에서 아이젠하워보다 더 특별해. 그러니까 그가 대통령이 되었다면 나도 대통령이 될 수 있을 거야."라고 말한다. 이 추론의 오류를 살펴보면 먼저 24세의 나이에 아이젠하워는 대통령이 될 아주 작은 확률 예컨대 10만 분의 1을 가지고 있었다. 리처드의 학생이 가진 확률은 예컨대 1만 분의 1로 훨씬 나을지도 모른다. 그러나 이것이 그가 대통령이 되어야만 한다는 의미는 아니다.

23 원래의 사례는 W. B. 깁슨과 M. M. 멘키의 '불확실성 시대의 도전Meeting the Challenge of an Age of Uncertainty', 선적 및 운반, 대통령의 이슈(1973): 205–210에서 발췌.

24 우연히 2021년 3월에 대형 선박이 수에즈 운하에 걸려 며칠 동안 운하를 막았다. 이 사고는 세계를 깜짝 놀라게 했고 수십 억 달러의 손실을 초래했다.

25 어툴 거완디, 《나는 고백한다 현대 의학을*Complications: A surgeon's notes on an imperfect science*》(뉴욕: 메트로폴리탄 서적, 2002)

26 리처드 잭하우저, "위기와 불확실성 너머의 새로운 개척지: 무지, 집단 결정, 그리고 예측하지 못한 주제New Frontiers Beyond Risk and Uncertainty: Ignorance, Group Decision, and Unanticipated Themes." 《위기와 불확실성의 경제학 지침서*Handbook of the Economics of Risk and*

Uncertainty》, 마크 마키나와 킵 비스쿠시(노스 홀란드: 엘스비어, 2014), xvii-xxix.

27 리처드 잭하우저의 사례를 참조하라. "알려지지 않은 것과 알 수 없는 것에 대한 투자Investing in the Unknown and Unknowable", 《금융 위기관리에서 알려진 것, 알려지지 않은 것, 그리고 알 수 없는 것*The Known, the Unknown, and the Unknowable in Financial Risk Management*》. 프란시스 X. 디에볼드, 니엘 A. 도허티, 리처드 H. 헤링(프린스턴: 프린스턴 대학 출판부, 2010), 304–346.

28 밤비노의 저주는 1918년 이후 보스턴 레드삭스가 월드 시리즈 우승에 실패하면서 생겨난 미신이다. 1919년 시즌이 끝나고, 레드삭스는 스타 선수였던 베이브 루스를 12만 달러에 뉴욕 양키즈에 팔았다. 그 이전에는 레드삭스가 가장 성공적인 프로 야구팀 중에 하나였는데 이 일 이후 그들은 우승 없이 거의 한 세기를 보냈다.

29 출처: 사라 젠센, 《2020년 세계 연감과 사실 기록서*The World Almanac and Book of Facts 2020*》(세계 연감 출판, 2020). 미국 중앙 정보국, 세계 사실 기록서, https://www.cia.gov/the-world-factbook. and airmilescalculator.com.

30 미국에서 대통령과 부통령은 국민들이 직접 선출하지 않는다. 대신에 그들은 선거인단이라고 불리는 절차를 통해 '선거인'에 의해 뽑힌다. 선거인단은 538명의 선거인으로 구성되어 있다. 대통령으로 선출되기 위해서는 270명의 과반수 선거 투표 수가 필요하다. 대부분의 주에서는 가장 많은 투표를 받은 후보자가 해당 주의 모든 선거인들을 가져가도록 법으로 명시하고 있다. 예를 들어 2016년 대통령 선거 당시에 캘

리포니아에서 힐러리 클린턴이 875만 3,788표를 얻었고 도널드 트럼프가 448만 3,810표를 얻었다. 이는 힐러리 클린턴이 캘리포니아주에서 승리하여 캘리포니아의 모든 선거인단 55명의 투표를 가져간다는 의미이다.

31 그 확률은 52번(전체 카드 수) 중에서 15번의 기회(관련된 카드)로 29퍼센트이다. 사람들은 내재된 확률이 객관적일 때 놀라거나 편견을 가질 가능성이 낮다. 불행하게도 리처드는 객관적인 확률이 현실에서는 중요한 역할을 좀처럼 하지 못한다고 자주 상기시킨다.

32 주관적 확률을 적절하게 활용하는 것은 아무렇게나 숫자를 정한다는 의미가 아니다. 당신은 많은 추정과 예측에 대한 기록을 평가함으로써 누군가 주관적 확률의 평가에 능숙하다는 것을 판단할 수 있다. 예를 들어 기상 예보관이 작년에 30일 동안 10퍼센트의 비 올 확률을 예측했다면 우리는 그 기간 동안 비가 3번 내릴 것이라고 예상했을 것이다. 만약 그 기간에 12일 동안 비가 왔다면 그 기상 예보관은 정확하게 비를 예측하지 못했다는 것을 의미한다. 기상 예보관은 유용한 정보를 제공하지 못했다는 점에서 부족할 수 있다. 그 기간 동안 기상 예보관이 15퍼센트의 확률로 비가 내리는 지역에 있다고 가정하는 극단적인 경우를 보자. 매일 그녀는 "오늘 비 올 확률은 15퍼센트입니다."라고 말한다. 그녀는 일 년 동안 비가 올 날의 확률을 상당히 정확하게 예측하겠지만, 유용한 정보는 제공하지 못할 것이다.

33 알리사 브라운, "결혼식에 참석하는 하객에 대한 행운의 비율은 없다 There's No Lucky Percentage of Guests Who Will Attend a Wedding". 2018년 7월 3일. https://www.marthastewart.com/7923646/percentage-how-many-guests-attend-wedding.

34 이 용어는 확률이 사건 발생에 대한 신뢰 정도를 표현하는 베이즈의 통계학에서 사용된다. 신뢰의 정도는 이전 실험의 결과처럼 사건에 대한 사전 지식이나 개인적 믿음에 근거할 수 있다. 베이즈의 통계학적 방법은 새로운 자료를 수집한 후에 확률을 계산하고 업데이트하기 위해서 베이즈의 정리를 활용한다. 이 분야는 토마스 베이즈 목사의 이름을 따서 지어졌는데 그는 1763년에 출판된 연구 논문에서 베이즈 정리의 특정한 사례를 창안했다.

35 어떤 미디어 매체는 2020년 11월 선거일 밤에 이런 유형의 속보 뉴스를 내보냈다. 다음을 참고하라. https://www.nytimes.com/2020/02/03/upshot/needle-iowa-caucuses-faq.html.

36 만약 트럼프가 뉴욕에서 예상한 것보다 훨씬 더 큰 (또는 적은) 투표 수 차이로 졌다면 유용한 정보를 주었을 것이란 점을 유의하자. 그가 예상보다 더 적은 차이로 졌다면 그가 선거일 밤에 당신의 예상보다 더 선전할 것이라는 신호로 해석할 수도 있고 그러면 당신은 그가 전체 선거에서 이길 사전 확률을 높게 수정할 것이다.

37 흥미로운 사례는 정보를 잘 갖춘 상대방으로부터 한 구획의 토지 같은 자산을 매입하는 것이다. 당신은 토지가 제시된 가격보다 저평가되었다고 생각하지만 매도하는 측에서는 그 가격에 팔려고 한다. 그녀가 토지는 저평가되었다고 생각하지 않는다는 것을 적절히 추론할 수 있다.

38 스티븐 레빗은 세계적으로 저명한 경제학자이다. 아마도 경제학계 외에서 스티븐 J. 더브너와 공동 집필한 뉴욕 타임스의 베스트셀러 《괴짜 경제학: 세상의 숨겨진 이면을 찾아*Freakonomics : A Rogue Economist Explores the Hidden Side of Everything*》(런던: 펭귄, 2006)로 가장 유명할

것이다.

39 프로젝트의 성공 확률이 낮을 경우에도 때로는 상당히 큰 잠재적 보상을 기대하고 그 프로젝트에 착수하게 만든다. 그러나 초기의 피드백을 통해 프로젝트가 가망이 없음을 알게 되면 신속하게 종료할 수 있다. 따라서 낭비되는 비용을 막을 수 있다.

40 만약 당신이 첫 번째로 방문한 대학을 좋아한다면 아마 정보 수집을 위해 직접 방문하는 것을 그만할지도 모른다. 다른 대학의 정보를 계속 수집하는 비용이 대학의 선택을 결정하는 데 필요한 정보에서 얻는 혜택보다 크다면 당신은 더 이상 방문하지 않을 것이다.

41 윌리엄 사무엘슨과 리처드 잭하우저, '의사 결정에서의 현상 유지 편향Status Quo Bias in Decision-Making', 위험과 불확실성 학술지 1, no 1(1998): 7–59.

42 마리알린 카틸롱과 리처드 잭하우저, "코로나 19에 대한 데이터 방출Unleash the data on COVID-19";http://www.modaotonline.com/sites/default/files/centers/mrcbg/Catillon-Zeckhauser 10-18-20.pdf

43 예를 들어 이런 연구는 병원마다 다른 특별한 유형의 환자 치료에 대해 주요 병원들이 겪었던 경험을 살펴보았을지 모른다.

44 리처드 노이슈타트는 전 하버드 케네디 스쿨 교수로서 대통령직 전문가이자 저명한 대통령 자문 위원이었다.

45 정책 환경에서 넛지의 활용은 최근에 널리 알려졌다. 미국을 포함한 많은 정부들은 연방 차원에서 넛지 기구를 설립했다. 다음 저서들을 참조하라. 다니엘 카네만,《생각에 관한 생각*Thinking, Fast and Slow*》(뉴

욕: 파라, 스트라우스와 지루, 2011), 리처드 탈러,《똑똑한 사람들의 멍청한 선택: 행동 경제학의 탄생*Misbehaving: The Making of Behavioral Economics*》(뉴욕: W.W. 노턴과 컴퍼니, 2015), 캐스 선스타인과 리처드 탈러,《넛지 : 똑똑한 선택을 이끄는 힘*Nudge: Improving Decisions About Health, Wealth, and Happiness*》(뉴 헤이븐: 예일 대학 출판부, 2008), 댄 에리얼리,《예측 가능하게 불합리한: 우리의 결정을 만드는 숨은 힘*Predictably Irrational: The Hidden Forces that Shape our Decisions*》(뉴욕: 하퍼 페레니얼, 2010).

46 안소니 팻과 리처드 잭하우저 "행동 편견과 환경적 결정Action Bias and Environmental Decisions". 위험과 불확실성 학술지 21, no. 1(2000): 45-72참조.

47 애니 듀크,《추측으로 생각하기: 모든 정보가 없을 때 현명한 결정하기*Thinking in Bets: Making Smarter Decisions When You Don't Have All the Facts*》(펭귄 출판 그룹, 2018) 참조.

48 애니 듀크,《결정하는 법: 더 나은 결정을 위한 간단한 도구*How to Decide: Simple Tools for Making Better Choices*》(펭귄 출판 그룹, 2018) 참조.

49 사실은 전자 제품이나 비행기표를 살 때처럼 구매 시점의 보험은 상당히 높은 가격으로 책정되는 경향이 있다. 오직 제품 판매자만이 보험을 제공할 수 있다. 판매자는 독점자이기 때문에 높은 가격을 책정할 것으로 예상할 수 있다.

50 의사 결정 나무의 고전적 참고 문헌은 하워드 라이파,《의사 결정 분석: 불확실성속에서 선택에 대한 입문 강의*Decision Analysis: Introductory Lectures on Choices under Uncertainty*》(랜덤 하우스, 1968)

와 에디스 스토키와 리처드 잭하우저, 《정책 분석 입문서*A Primer for Policy Analysis*》(뉴욕: W. W. 노튼 앤드 컴퍼니, 1979)가 있다. 의사 결정 나무에 관해 덜 기술적으로 다룬 존 S. 해몬드, 하워드 라이파, 랄프 L. 키니, 《현명한 선택: 더 나은 결정을 위한 실용 지침서*Smart Choices: A Practical Guide to Making Better Decisions*》(보스턴: 하버드 비즈니스 리뷰 출판사, 2015)를 참고할 수 있다.

51 많은 사람들은 보험료가 예상 보험 환급금보다 몇 배 더 비싼데도 새로운 전자 제품 구매 시에 규칙적으로 보험에 가입한다. 차량 교통사고 보험은 다양한 단계의 공제 금액이 있기 때문에 전자 제품 보험보다 더 복잡하다. 난폭한 운전자들이 공제 금액이 낮은 상품을 선택하는 경향이 있기 때문에 일반 이용자에게는 높은 공제 금액 상품이 적정한 가격으로 책정되어 있다. 돈에 관련된 결정을 할 때 반드시 필요한 첫 번째 단계는 보상 대비 초기 경비를 고심하는 것이다. 당신이 의사 결정 나무를 사용하면 이렇게 할 수 있을 것이다.

52 가장 형편없지만 자주 사용되는 전략은 새로운 정보가 없을 것으로 예상하더라도 그냥 어렵다는 이유로 결정을 미루는 것이다.

53 당신은 기상 예보를 확인하지 않았다고 주장하면서 당시에 가진 정보로는 그 결정이 바람직했다고 할지도 모른다. 기상 정보를 확인하는 일은 요즘에는 빠르고 비용도 들지 않으므로 결정할 때 이 정보를 얻기 쉬웠다고(또는 얻을 수 있었다고) 추정하는 것이 합당하다.

54 골프에 비유하자면 당신은 결과를 파에 비교해서 평가해야만 한다. 데이비드는 운이 좋다고 해도 어떤 결정을 하든지 좋은 결과를 예상할 수 없었다. 의사가 장기에 암이 퍼진 환자를 치료하고 있다. 장기가 없다

면 삶이 불편하겠지만 장기를 제거하지 않으면 수명이 엄청나게 줄어들 것이다. 어떤 결정도 행복한 결과는 아니다. 그렇지만 환자의 상황과 의견에 따라 탁월한 예측을 할 수도 있다.

55 재미있게도 샐리의 이식 수술 후 머지않아 유방암에 대한 골수 이식 치료는 중단되었다. 그런데 최근에 장기간의 후속 연구에서 골수 이식 치료와 함께 고농도 화학 요법을 하면 15퍼센트의 생존 효과가 있음을 발견했는데 이는 샐리를 담당한 종양학자가 장기적 생존율이 더 좋다고 한 예측과 일치했다. 출처: 찰스 H. 위버, '유방암에 대한 고농도 화학 치료와 스템셀 이식 수술High-Dose Chemotherapy & Stem Cell Transplant for Breast Cancer', 2020년 2월 3일 https://news.cancerconnect.com/breast-cancer/high-dosechemotherapy-stem-cell-transplant-for-breast-cancer.

56 다음 예를 참조하라: 마크 스프란카, 엘리사 민스크, 조나단 바론, '판단과 선택에서 누락과 관여Omission and Commission in Judgment and Choice'. 실험적 사회 심리학 학술지 27, no. 1(1991): 76−105. https://www.sas.upenn.edu/~baron/papers.htm/oc.html

57 '지금의 곤경이 모르는 곤경보다 낫다'는 일상적인 표현이 의미하는 바가 우리의 논의에 오해를 불러일으킬 수 있다. 이것은 단지 누락의 오류보다 새로운 곤경을 가져올 수 있는 관여의 오류에 더 비중을 두는 것이다.

58 부수적으로, 누락의 오류는 현상 유지 편향을 촉진한다. 이는 리처드의 가장 많이 인용된 연구 논문의 주제이다(빌 사무엘슨과 공저).

59 토마스 길로비치와 빅토리아 허스티드 메드벡, '후회의 경험: 대상,

시기, 이유The Experience of Regret: What, When, and Why'. 심리학 리뷰 학술지 102, no. 2(1995): 379-395. https://doi.org/10.1037/0033-295X.102.2.379

60 유사하게 미국 정부는 관여 오류를 피하려고 노력하면서 백신을 접종한 사람들이 야외(전염의 위험이 매우 낮은 장소)에서 마스크를 쓰지 않아도 된다고 권고하기를 주저했다. 이 경우 관여 오류의 결과(백신 접종자 사이에서 희박한 코로나 감염 사례 폭증)는 누락 오류의 결과(즉, 백신 접종자들이 여전히 마스크를 써야 한다면 사람들이 백신 접종의 이유를 이해하지 못하고 백신 자체에 대한 거부감만 증가)보다 덜 심각해 보인다.

61 확정적으로 주장하는 것은 어렵지만 새로운 데이터가 결정을 바꿀 작은 확률이라도 있다면 정보 획득의 제한에 대한 앨리스의 통찰력을 적용할 수 있다. 만약 결정이 바뀐다면 획득과 분석의 비용은 기대 이익에 대비해서 중요도를 가려야 한다. 또한 만약 새로운 정보로 결정을 A에서 B로 바꿀 수 있는 확률이 조금 있다면 이 경우에 B의 A에 대한 이점 또한 별로 크지 않을 것임을 유의하라. 예를 들면, 당신은 특정 식기 세척기의 가격을 문의하려고 가까운 상점 세 곳에 전화했다. 가격 차이는 10달러 미만이었다. 네 번째로 가까운 상점에 전화를 걸면 더 나은 가격일 수도 있지만 귀찮게 전화할 만큼 예상 이익이 크지 않을 수도 있다.

62 리처드는 '두 가지 경우에 대비하여'라고 말하지 않았을지 모르지만 나중에 교육의 목적으로 이야기를 다듬는 데 활용했다고 인정했다.

63 이 사례는 용이한 설명을 위해서 단지 하나의 목표(총참여자 활동 시간의 최대화)를 사용한다. 실제 사례는 더 복잡할 가능성이 높지만 투입 단위

당 산출 단위를 살펴보는 원칙은 여전히 적용된다.

64 품질 조정 수명 연도는 삶의 질과 양을 포함하는 질병 부담의 일반적 측정법이다. 일 년의 품질 조정 수명 연도는 완벽한 건강 상태의 일 년과 같다. 품질 조정 수명 연도 점수는 1(완벽한 건강)에서 0(사망)까지이다. 리처드는 1976년에 학술 연구 논문(리처드 잭하우저와 돈 셰퍼드의 '생명을 구하려면 이제 어디로 갈 것인가Where now for saving lives?', 법과 현대 사회의 문제, 1976)을 출판했는데 이 용어가 처음 사용되었다. 이것은 이제 경제적 평가에서 의료 개입의 가치를 평가하기 위해서 폭넓게 사용되는 측정법이다.

65 수량으로 측정하기 어려운 시간 절약 이외의 혜택이 있다면, 그 혜택이 얼마나 커야 우리가 빠른 교통망 확장이 불필요하다는 생각을 바꿀지 스스로에게 물어볼 수 있다.

66 이 사례도 역시 전체적인 인구의 행동을 이해하려고 할 때 하위 집단을 살펴봐야 하는 중요성을 설명하고 있다. 이 장의 후반부에 나오는 이질성에 관한 원칙을 참고하라.

67 리처드는 1962년에 국방부에서 시스템 분석('신동') 부서를 이끌던 그의 상사인 알레인 엔토벤에게 여름 방학 일자리를 위한 면접을 보았다고 밝혔다. 리처드의 학부 논문 속 개념에 관한 활발한 토론 후에 엔토벤(스탠포드 대학 교수로서 훌륭한 경력을 쌓은 깊은 사고의 경제학자)이 질문으로 마무리했다. "어떻게 더하고 빼고 곱하고 나누는지 아나요? 한계 분석을 이해하나요?" 리처드는 "네." 하고 대답했다. 엔토벤은 "그것이 이곳에서 당신이 잘 해내야 할 일입니다."라고 말했다. 전설적인 신동 작전은 아이들이 어느 초등학교에서나 배우는 사칙 연산에 한계 분석

이라는 오직 한 가지 도구만 추가했다. 어떻게, 언제 그리고 어떤 변수에 그 도구를 적용하는지 아는 것이 성공의 열쇠였다. 한계 분석을 당신 사고의 일부로 만든다면 인생에 커다란 도움이 될 것이다.

68 평균의 관점에서 생각하는 것은 그리 도움이 되지 않을 것이다. 설명을 위해서 성공적인 소매점을 운영한다고 가정해 보자. 다른 사람들이 주문, 부기 등을 담당한다. 당신의 일은 상점을 운영하는 것이다. 일주일에 6일, 오전 9시부터 오후 7시까지 상점을 연다. 당신은 60시간 일해서 3,000달러의 수입을 얻는데 한 시간당 50달러를 버는 것이다. 당신은 이 시간당 평균 수입 비율에 만족한다. 그렇지만 오후 6시에서 7시 사이에는 사람이 많이 오지 않고 대부분이 필요하면 그전에 일찍 온다. 당신은 2주 동안 오전 9시부터 오후 6시까지 시간을 바꾸는 실험을 해 보았는데 수입이 4퍼센트 감소했다. 따라서 그 마지막 6시간은 단지 120달러, 시간당 20달러의 수입만 얻는 것이다. 이 시간만큼 일한 가치가 없다. 당신은 상점을 6시에 닫기로 결정한다. 게다가 멀리 보면 실험 기간 동안 오후 6시 30분에 왔다가 실망한 몇몇 손님들도 아마 다시 찾아올 것이다.

69 다음 사례를 참조: 아이리스 버넷, 피오나 그렉, 베네딕트 헤르만, 리처드 잭하우저, '배반 회피: 브라질, 중국, 오만, 스위스, 터키, 미국에서의 증거Betrayal Aversion: Evidence from Brazil, China, Oman, Switzerland, Turkey, and the United States', 미국 경제 리뷰 98, no. 1(2008): 294–310.

70 출처: 메디 케어와 메디 케이드 서비스 센터. 국립 건강 기록원National Health Accounts Historical, https://www.cms.gov/Research-Statistics-Dataand-Systems/Statistics-Trends-and-Reports/NationalHealth

ExpendData/NationalHealthAccountsHistorical.

71 출처: 할스테드 R. 홀만, '만성 질환의 급속한 확산과 의료체계 위기의 관계The Relation of the Chronic Disease Epidemic to the Health Care Crisis'. ACR 오픈 류머티스학 2, no. 3(2020):167–173.

72 1950년대 이래로 고혈압과 콜레스테롤을 조절하는 비교적 저렴한 약품들이 만성 질환의 수를 줄이는 데 중요한 역할을 했다. 리처드는 비용 1달러에 대한 탁월한 혜택을 고려할 때 이러한 약품들의 적절한 본인 부담금이 0이어야 한다고 주장해 왔다.

73 사라 카플란과 크리스 무니, '어떻게 슈퍼 전파력을 가진 하나의 사건이 코로나 바이러스를 매사추세츠 전체와 미국에 퍼뜨렸는지 유전적 데이터가 보여 준다Genetic Data Show How a Single Superspreading Event Sent Coronavirus Across Massachusetts – and the Nation', 《워싱턴 포스트》, 2020년 8월 25일.

74 출처: 헤리티지 파운데이션. '연령에 따른 코로나 19 사망COVID-19 Deaths by Age' 2021년 2월 17일, https://www.heritage.org/data-visualizations/publichealth/covid-19-deaths-by-age/.

75 인구 밀집도와 부족한 거리 두기, 그리고 일단 감염되면 심각한 증상을 겪을 가능성 때문에 질병 감염자들의 개인적 전파 능력에 이질성이 있다. 왜 우리는 이러한 이질성을 처음부터 포함시키지 않았는가? 우리는 복잡성을 피하기 위해 원칙에 따라 한 가지 이질성인 감염 위험의 단순한 상황부터 시작했다(1장 참조).

76 이 주제에 대한 리처드의 논문: 도널드 셰퍼드와 리처드 잭하우저,

'혼합 인구에서 생존율을 높이기 위한 개입의 장기적 효과Long-Term Effects of Interventions to Improve Survival in Mixed Populations'. 만성 질병 학술지 33. no. 7(1980): 413–433.

77 크리스토퍼 에이버리, 앤드류 페어뱅크스, 리처드 J. 잭하우저, 《조기 입학 게임》(케임브리지: 하버드 대학 출판부, 2005). 리처드의 학술 연구는 또한 저축과 자산 가격 행태, 사회 총시간 선호, 최적 의료 정책 선택 같은 다른 환경에서도 저변 인구가 이질적일 때 이 이질성의 원칙에 힘을 실어 주었다.

78 헤롤드 D. 레비, '대학들은 조기 입학제를 폐지해야 한다Colleges Should Abandon Early Admissions', 인사이드 하이어 에드, 2017년 1월 12일. https://www. insidehigher ed.com/views/2017/01/12/discrimination-inherent-early-admissionsprograms-essay

79 시유 마, 야이르 타우만, 리처드 잭하우저. '억제 게임과 정보 교란Deterrence Games and the Disruption of Information', 하버드 케네디 스쿨 학술 연구 논문 시리즈 RWP20–026,(2020년 8월)

80 경제학에서 고전적인 예는 두 가지의 투입인 자본(K)과 노동(L)이 산출물을 생산하기 위해 쓰이는 것이다. 생산 함수는 f(K, L)이다. 양의 교차 편도 함수(예, fKL〉0)는 자본량이 커질수록 한계 노동 생산성(추가된 노동 단위에 대해 얼마의 추가 산출을 얻는가)이 증가함을 의미한다. 마찬가지로, 노동량이 커질수록 한계 자본 생산성(추가된 자본 단위에 대해 얼마의 추가 산출을 얻는가)이 증가함을 의미한다. 미국과 같은 국가에서는 매우 많은 자본에 의해 보완된 결과로 노동 생산성이 크다. 예를 들어 굴착기를 가진 노동자가 똑같이 숙련된 삽을 가진 노동자보다 훨씬 더

생산성이 높다. 자본과 노동은 일반적으로 양의 교차 편도 함수를 가지고 있다.

81 버트랜드 러셀, 《행복의 승리*The Conquest of Happiness*》(뉴욕: H. 리버라이트, 1930)

82 다른 예 참조. 리처드 잭하우저 '하워드 라이파 그리고 합리성에 대한 책임Howard Raiffa and Our Responsibility to Rationality', 협상 학술지, 33, no. 4(10월, 2017년): 329–332. '특별한 학자: 토마스 셸링에 대한 회고Distinguished Fellow: Reflections on Thomas Schelling', 경제적 관점 학술지 3 no. 2(1989년 봄): 153–164.

83 물론 그 결과로 인해 핸드폰이 망가질 확률에 대한 평가를 재고할지도 모른다(즉, 어쩌면 당신이 생각했던 것만큼 그렇게 핸드폰을 조심스럽게 다루지 않았을지도 모른다). 더 일반적으로 효과적인 의사 결정의 한 가지 요소는 확률을 정확히 평가하는 것이다. 만약 결정이 유리하게 나온다면 당신이 확률을 효과적으로 평가했을 가능성이 높다. 언제나 그렇듯이 평가가 결정의 한 부분이라면 결과의 질은 결정의 질을 판단하는 데 영향을 미친다. 리처드는 이것을 결과론적 통찰력이라고 부른다.

84 리처드 잭하우저, "하워드 라이파 그리고 합리성에 대한 책임Howard Raiffa and Our Responsibility to Rationality", 협상 학술지, 33, no. 4(10월, 2017년): 329–332.

85 할 R. 아크스와 캐서린 블루머, '매몰 비용의 심리학The psychology of sunk costs', 조직 행동과 인간 결정 과정, 35, no. 1(1985): 124–140.

86 리처드는 당시의 대화를 되돌아보며 그 식사를 생일이나 기념일 같은

특별한 날에 맞추었다면 더 기억에 남아 나중에 돌아볼 수 있는 즐거운 기억이 되었을 것이라고 말했다.

87 비용과 같은 일차원적인 사항에 대한 정보 공개를 거부하는 것은 최악의 상황이 생길 수 있음을 의미한다. 하버드 대학 법학 대학원은 지원자의 성적을 물을 수 없다. 그렇지만 "다른 하고 싶은 말이 있습니까?"라고 물을 수 있다. 그러면 학생들은 성적을 말할 수 있다. 당연히 상위 10퍼센트의 학생들은 그것을 밝힐 것이다. 그리고 상위 20퍼센트의 학생들도 역시 성적을 밝힐 것이다(왜냐하면 그들은 이제 채용자도 몰랐던 최상위 학생이기 때문이다). 가장 성적이 안 좋은 학생들이 그저 침묵을 지킬 때까지 이 해명은 계속될 것이다. 샐리는 이렇게 해명하려는 현상을 이해했고 리처드가 잘 알고 있다는 것도 알고 있었다. 샐리는 모두에게 도움이 될 은폐의 선례를 남기려 했다.

참고 문헌

Ariely, Dan. *Predictably Irrational: The Hidden Forces that Shape our Decisions*. 1st ed. New York: Harper Perennial, 2010.

Arkes, Hal R., and Catherine Blumer. "The Psychology of Sunk Cost." *Organizational Behavior and Human Decision Processes* 35, no. 1 (1985): 124-140.

Avery, Christopher, Andrew Fairbanks, and Richard Zeckhauser. *The Early Admissions Game*. Cambridge: Harvard University Press, 2004.

Bohnet, Iris, Fiona Greig, Benedikt Herrmann, and Richard Zeckhauser. "Betrayal Aversion: Evidence from Brazil, China, Oman, Switzerland, Turkey, and the United States." *The American Economic Review* 98, no. 1 (2008): 294-310.

Brown, Alyssa. "There's No Lucky Percentage of Guests Who Will

Attend a Wedding." July 3, 2018. https://www.marthastewart.com/7923646/percentage-how-many-guests-attend-wedding.

Catillon, Maryaline and Richard Zeckhauser. "Unleash the Data on COVID-19." (n.d.). https://www.hks.harvard.edu/centers/mrcbg/news-events/COVID_Zeckhauser.

Centers for Medicare & Medicaid Services. "National Health Accounts Historical." (n.d). https://www.cms.gov/ResearchStatistics-Data-and-Systems/Statistics-Trends-and-Reports/NationalHealthExpendData/NationalHealthAccountsHistorica

Central Intelligence Agency. The World Factbook. (n.d.). https://www.cia.gov/the-world-factbook/.

Donahue, John D., Richard Zeckhauser, and Karen Eggleston. *The Dragon, the Eagle, and the Private Sector : Public-private Collaboration in China and the United States*. Cambridge ; New York, NY: Cambridge University Press, 2020.

Donahue, John D. and Richard Zeckhauser. *Collaborative Governance : Private Roles for Public Goals in Turbulent Times*. Princeton: Princeton University Press, 2011.

Duke, Annie. *How to Decide*. Penguin Publishing Group, 2020.

Duke, Annie. *Thinking in Bets*. Penguin Publishing Group, 2018.

Dreber, Anna, David. G. Rand, Nils Wernerfelt, Justin R. Garcia, Miguel G. Vilar, J.Koji Lum, and Richard Zeckhauser. "Dopamine and Risk Choices in Different Domains: Findings Among Serious

Tournament Bridge Players." *Journal of Risk and Uncertainty* 43, no. 1 (2011): 19-38.

Gawande, Atul. *Complications: A Surgeon's Notes on an Imperfect Science.* 1st ed. New York: Metropolitan Books, 2002.

Gibson, Weldon B., and Michael M. Menke. "Meeting the Challenge of an Age of Uncertainty." *Handling and Shipping, Presidential Issue.* (1973) 205–210.

Gigerenzer, Gerd. *Risk Savvy.* East Rutherford: Penguin Publishing Group, 2014.

Gilovich, Thomas, and Victoria Husted Medvec. "The Experience of Regret: What, When, and Why." *Psychological Review* 102, no. 2 (1995): 379-395.

Hammond, John S., Howard Raiffa, and Ralph L. Keeney. *Smart Choices: A Practical Guide to Making Better Decisions.* Boston: Harvard Business Review Press, 2015.

Haven, Cynthia. "Stanford Economist: How Do We 'Get off this Path of Deficits as Far as the Eye Can See?'" August 2, 2011. https://news.stanford.edu/news/2011/august/shoven-debt-qanda-080211.html.

The Heritage Foundation. "COVID-19 Deaths by Age." February 17, 2021. https://www.heritage.org/data-visualizations/public-health/covid-19-deaths-by-age/.

Holman, Halsted R. "The Relation of the Chronic Disease Epidemic to the Health Care Crisis." *ACR Open Rheumatology* 2, no 3 (2020):

167-173.

Janssen, Sarah. *The World Almanac and Book of Facts*, 2020. World Almanac Books, 2020.

Kahneman, Daniel. *Thinking, Fast and Slow*. 1st ed. Harvard Library ereader collection. New York: Farrar, Straus and Giroux, 2011.

Kaplan, Sarah, and Chris Mooney. "Genetic Data Show How a Single Superspreading Event Sent Coronavirus Across Massachusetts - and the Nation." *The Washington Pos*t, August 25, 2020.

Levitt, Steven D., and Stephen J. Dubner. *Freakonomics : A Rogue Economist Explores the Hidden Side of Everythin*g. London: Penguin. 2006.

Levy, Harold O. "Colleges Should Abandon Early Admissions." January 12, 2017. https://www.insidehighered.com/views/2017/01/12/discrimination-inherent-earlyadmissions-programs-essay.

Lloyd-Smith, James O., P. Ekkehard Kopp, Wayne M. Getz, and Sebastian J. Schreiber. "Superspreading and the Effect of Individual Variation on Disease Emergence." *Nature* 438, no. 7066 (2005): 355-359.

Ma, Siyu, Yair Tauman, and Richard Zeckhauser. "Deterrence Games and the Disruption of Information." *HKS Faculty Research Working Paper Series* RWP20-026, (2020).

Nelson, Jonathan, and Richard Zeckhauser. *The Patron's Payoff: Conspicuous Commissions in Italian Renaissance Art*. Princeton:

Princeton University Press, 2004.

Patt, Anthony, and Richard Zeckhauser. "Action Bias and Environmental Decisions." *Journal of Risk and Uncertainty* 21, no. 1 (2000): 45-72.

Raiffa, Howard. *Decision Analysis : Introductory Lectures on Choices under Uncertainty*. 1st ed., Random House, 1968.

Russell, Bertrand. *The Conquest of Happiness*. New York: H. Liveright, 1930.

Samuelson, William, and Richard Zeckhauser. "Status Quo Bias in Decision Making." *Journal of Risk and Uncertainty* 1, no.1 (1988): 7-59.

Shepard, Donald, and Richard Zeckhauser. "Long-Term Effects of Interventions to Improve Survival in Mixed Populations." *Journal of Chronic Diseases* 33, no. 7 (1980): 413-433.

Silver, Nate. "National Polls: 2016 Election Forecast." November 8, 2016. https://projects.fivethirtyeight.com/2016-electionforecast/national-polls/.

Sneed, Annie. "Computer Beats Go Champion for First Time." January 27, 2016. https://www.scientificamerican.com/article/computer-beats-go-champion-for-first-time/.

Spranca, Mark, Elisa Minsk, and Jonathan Baron. "Omission and Commission in Judgment and Choice." *Journal of Experimental Social Psychology* 27, no. 1 (1991): 76-105.

Stokey, Edith, and Richard Zeckhauser. *A Primer for Policy Analysis*. New York: W. W. Norton & Company, 1978.

Thaler, Richard H. *Misbehaving: The Making of Behavioral Economics*. 1st ed. New York: W.W. Norton & Company, 2015.

Thaler, Richard H., and Cass R. Sunstein. *Nudge: Improving Decisions. About Health, Wealth, and Happiness*. New Haven: Yale University Press, 2008.

Weaver, Charles H. "High-Dose Chemotherapy & Stem Cell Transplant for Breast Cancer." February 3, 2020. https://news.cancerconnect.com/breast-cancer/high-dosechemotherapy-stem-cell-transplant-for-breast-cancer.

Zeckhauser, Richard. "Howard Raiffa and Our Responsibility to Rationality." *Negotiation Journal* 33, no. 4 (2017): 329-332.

Zeckhauser, Richard. "New Frontiers Beyond Risk and Uncertainty: Ignorance, Group Decision, and Unanticipated Themes." In *Handbook of the Economics of Risk and Uncertainty*, edited by Mark Machina and Kip Viscusi, xvii-xxix. North Holland: Elsevier, 2014.

Zeckhauser, Richard. "Investing in the Unknown and Unknowable." In *The Known, the Unknown, and the Unknowable in Financial Risk Management*, edited by Francis X. Diebold, Neil A. Doherty, and Richard J. Herring, 304-346. Princeton: Princeton University Press, 2010.

Zeckhauser, Richard. "Distinguished Fellow: Reflections on Thomas

Schelling." *The Journal of Economic Perspectives* 3, no. 2 (1989): 153-164.

Zeckhauser, Richard, and Donald Shepard. "Where Now for Saving Lives?" *Law and Contemporary Problems* 40, no. 4 (1976): 5-45.

서정태

홍익 대학교 경영학과와 성균관 대학교 번역 대학원을 졸업하고 현재 출판 번역 에이전시 베네트랜스에서 전문 번역가로 활동 중이다. 옮긴 책으로는 《마키아밸리의 군주론》, 《나는 스트레스 중독자입니다》, 《네 안의 진정한 남자를 깨워라》, 《마키아밸리의 권력의 법칙》, 《만다라》, 《잊혀진 병사》, 《골프 유머 501》 등이 있다.

40년간 전 세계 리더들을 이끈 의사 결정의 기술

하버드 교수의 생각 정리 수업

1판 1쇄 인쇄 2023년 3월 15일
1판 1쇄 발행 2023년 3월 25일

지은이 댄 레비
옮긴이 서정태

발행인 황민호
본부장 박정훈
책임편집 김순란
기획편집 강경양 김사라
마케팅 조안나 이유진 이나경
국제판권 이주은 한진아
제작 최택순

발행처 대원씨아이㈜
주소 서울특별시 용산구 한강대로15길 9-12
전화 (02)2071-2017
팩스 (02)749-2105
등록 제3-563호
등록일자 1992년 5월 11일

ISBN 979-11-6979-669-9 (03320)